AF428793

TÚ PUEDES CAMBIAR EL MUNDO

Filosofía Cósmica
ANAEL & ELDER

Título: Tú puedes cambiar el mundo

Autor: Anael y Elder Lavergne

Motto, Anael

Tú puedes cambiar el mundo / Anael Motto ; Elder Lavergne. - 1a ed - Ciudad Autónoma de Buenos Aires : Origen Estelar, 2022. 135 p. ; 21 x 14 cm.

 ISBN 978-987-47541-5-8

1. Autoayuda. 2. Filosofía Contemporánea. 3. Desarrollo Personal. I. Lavergne, Elder II. Título
  CDD 158.1

Diseño y diagramación: Jesica Miramontes

DEDICATORIA

PARA TODOS AQUELLOS SERES que están accionando

fuertemente en el plan universal. Para los que

están encarnados, los proyectados y todas las

inteligencias que hacen posible nuestra existencia.

Para los que ya no están con nosotros en el mismo

plano físico, pero sí en el sutil.

ÍNDICE

INTRO DUCCIÓN

Pareciera que la humanidad está dormida, pero también que está transformándose en algo mejor, despertando de un sueño, o tal vez, haciendo que lo onírico se haga realidad. Grandes dicotomías convergen hoy, entre polaridades, multiplicidades, y universos que asoman, que emergen de lo genuino y que a la vez mueren, se desvanecen entre ideas, palabras, sonidos. Todo es posible y nada a la vez y, en ocasiones se abren esos umbrales donde se puede dar un giro, un salto cuántico, cambiar de probabilidad. Se asoma una luz de entre las tinieblas. Jacobo Siruela[1] describe en su libro, "El mundo bajo los párpados" que "El ser humano resulta perfectamente irrisorio, pues a pesar de toda su hiperconciencia a cuestas y a su labrada coraza de escepticismo, suele estar dispuesto a creer en cualquier cosa, salvo en la verdad"

En el presente libro hablaremos sobre cuestiones de enorme importancia para la profundización interna que como individuos es necesaria para el avance intelectual, espiritual y cósmico.

A lo largo de estos años junto con Elder Lavergne, hemos escrito una serie de libros donde explicamos a un nivel filosófico cósmico las preguntas existenciales que acceden a la raíz del pensamiento de nuestra civilización. ¿Quiénes somos? ¿Adónde vamos? ¿Qué hay detrás de los velos?

---

[1] *El mundo bajo los párpados. Jacobo Siruela. Atalanta 2010*

¿De dónde venimos? Esta divulgación escrita está avalada por nuestra institución cultural Origen Estelar.

"Tú Puedes Cambiar el Mundo" es un libro que primordialmente acompaña. Hemos querido escribir acerca de los temas más sensibles por los que transita el ser humano. Por ello, ahondamos en los pensamientos y sus tipologías porque en verdad se puede cambiar el mundo si sabemos pensar. Abordamos la diferencia que existe entre la psique y el alma y en los distintos niveles de evolución que hay encarnados en la sociedad.

Este libro que tienes en tus manos te ofrece una mirada transparente y sencilla acerca de los vínculos. Sobre lo interhumano, de esas hebras que tejen la existencia y conforman una unión sagrada. Desarrollamos también uno de los temas que consideramos centrales, como es la conexión con el corazón y el proceso de conectar con él. A través de la lectura, podrás hallar partes de ti que estaban reprimidas y liberarlas, pues en los capítulos se recorren temas trascendentales como qué es el dolor, la vida y la muerte, o la paz.

Sin duda, este es un libro para reflexionar y poder ser capaz de hallar tus verdaderos pensamientos y sentires. Porque cuando te encuentras y cambias la forma de mirarte, sin duda el mundo se transforma.

Una parte de la
Realidad Actual

EL AMOR ES EL ESPACIO Y EL TIEMPO
MEDIDO POR EL CORAZÓN.

-MARCEL PROUST-

Cuando éramos chicos o más jóvenes solíamos pensar en cambiar el mundo. Pensábamos que, si luchábamos por aquello en lo que creíamos, todo iba a estar mejor. Pero ¿en qué se basan nuestras creencias? y en realidad ¿qué significa estar mejor? La respuesta a este último interrogante lleva implícito un pensamiento comparativo: estoy mejor respecto de otra cosa. Todo lo que podemos razonar tiene un concepto, una definición y también un sentimiento o sensación añadida. Esta forma de representar al pensamiento se ha naturalizado como normal, cierto o verdadero, creyendo que ésa es la forma adecuada de registrar la realidad.

Venimos a este mundo en el que nos encontramos con una estructura conceptual ya formada, además, desde nuestras edades más tempranas, nos enseñan cómo se ha de vivir, qué se ha de soñar, cómo hemos de desarrollarnos; incluso «ya nacemos con un idioma implícito» como dijo Émile Durkheim, y por eso no hay que crearlo, no tenemos que hacer el esfuerzo de establecer uno, llegamos a este mundo y nos enseñan un lenguaje. Cada país tiene su idiosincrasia, su cultura y tradiciones, su forma de desenvolverse y por lo tanto todas estas condiciones determinan el desarrollo en todos los ámbitos, como por ejemplo el político, el religioso, o el filosófico, el familiar o el laboral, amoldando a los individuos a dichos estereotipos y creando una fenomenología social pareja, parecida o clonada. El humano se va adaptando a todo ello y genera su personalidad a partir de todas estas premisas. Pero ¿qué ocurre cuando aparece una idea nueva, o una forma de vivir diferente?, ¿qué sucede cuando se manifiestan otras cualidades o rarezas que no tienen nada que ver con ese sistema tan definido? Claramente hemos experimentado que toda idea que esté fuera de esa malla o plantilla social en su gran mayoría es mal interpretada, juzgada o apartada porque la realidad social en la que vivimos está cimentada de la misma manera en la que se crearon las redes sociales: tienen algoritmos propios. Esto significa que, lo diferente a él (al algoritmo social) no tiene lugar para su implementación, puesto que no pertenece a la tradición, a las costumbres ni al estereotipo. En consecuencia, podrá materializarse solo cuando el algoritmo cambie, se modifique o tenga una conveniencia.

Solo se puede manipular a aquel que es ignorante, por lo que la falta de instrucción y de investigación, los expulsa fuera del buen entendimiento; el alejamiento de una profundización ontológica les dificulta poder observar las otras conformaciones de las realidades. Esa ceguera les aparta del discernimiento, de la alétheia (la verdad filosófica) sucumbiendo ante la falta de argumentación, de autoconfianza, de voluntad. Algunos individuos se abandonan por completo, perecen ante la autogenerada pausa neuronal, porque les resulta más fácil vivir desde la comodidad que se han creado a través del autoengaño; ellos deciden tapar su verdadero ser, opinan lo que escuchan de otros sin cuestionarlo, sin investigarlo. Mientras, las enfermedades silenciosas, como son la pereza, el juicio o la permisividad extrema, van moldeando a toda esa generación de individuos que el sistema fomenta. Esta conducta tan habitual ha sido sembrada durante mucho tiempo, ha perpetuado un prototipo de sociedad inconsciente a través de la clonación, de la implementación del mismo patrón por décadas.

La repetición
crea una ilusoria normalidad
y a la vez una falsa seguridad,
que después se tornará en comodidad.

Por lo que esa humanidad llamada "común" es aquella que, usada por el algoritmo vigente, se ha convertido en un arquetipo social estándar y esa cristalización termina siendo una realidad en la que muchos seres humanos sucumben, otros disienten y algunos escapan.

Pero a la vez, como si de un universo paralelo se tratara, existe otra realidad donde muchos seres humanos ponemos una semilla de Luz al mundo. Esto sucede cuando logramos profundizar en nuestra verdad y reflexionamos acerca de los pensamientos que emitimos, también cuando cuestionamos nuestras creencias y logramos moldearlas a quienes somos hoy, la mayéutica que expresaba Sócrates. Pero hoy en día no basta con encontrarse a uno mismo, sino que hace falta asentar ese conocimiento, practicarlo, internalizarlo, fusionarlo con lo físico y lo metafísico hasta hacerlo sabiduría.

No caigamos en el autoengaño y en la permanencia de lo absurdo. Dejemos de pensar "yo no puedo" o "estoy en el camino, pero falta mucho". La dualidad material ralentiza el camino. Jean Paul Sartre profundizó en el análisis de que cuando trascendemos la dualidad material y comenzamos a manifestarnos, accedemos a otra forma de dualismo, en este caso superior, como lo es el finito y lo infinito. Pongamos un ejemplo: un libro es un objeto finito, es uno, pero tiene una historia, un trayecto, una idea que se comparte con otros, una investigación donde comienza a tener forma o vida ¿verdad? Después, el lector lo interpretará a su manera, dependiendo de sus creencias, asociaciones, vínculos, es decir, conforme su personalidad o patrón. El lector tejerá en su psique aquellas ideas que hilvanarán historias, llevando la experiencia que le ha generado la literatura a un mundo propio, e infinito. Pasando de lo finito (un libro) a lo infinito (un mundo lleno de historias que conectan con otras realidades, con otras personas, con diversos tiempos eternos).

No podemos cerrar los ojos, sin antes no atrevernos a ver el camino por el que vamos peregrinando, ni tampoco hemos de quedarnos atrapados en el resultado. Hemos de observar y profundizar cada pisada que vamos dando y replantearnos si caminamos sobre las huellas de otros.

El escenario al que llamamos "realidad", ese que es material y tangible para la biología humana, ha sido construido por mentes de las cuales algunas fueron brillantes y otras en cambio estuvieron en un desorden esencial, es decir, desconectados de la realidad multidimensional y del conjunto biocósmico que somos. Algunas mentes provienen de humanos al servicio del conocimiento, otras en cambio, de individuos incongruentes y ambiciosos del éxito o del poder. Hoy en día es necesario que tu "propio libro" también exista, que dejes tu sello en el mundo con la Luz de tu interior.

Todo lo puedes cambiar, solo hace falta amor y voluntad, que son las grandes verdades que rigen nuestro universo. Por ello, es necesario blanquear la forma en la que vives, conectar con los verdaderos pensamientos, vaciar las profundidades más inaccesibles y dar luz a cada recoveco de tu ser. Deja que emerjan aquellos silencios que conforman tu esencia y así percibirás quién eres realmente. Abandona la mentira, deja de ser cómplice de ella y llénate de la energía que alumbra tu ser. Así como los rayos del Sol nos llenan de vida, la humanidad se retroalimenta de esa luz invisible que anida en la esencia de toda vida, de ese amor y conexión con la multidimensionalidad que habita en la existencia. No creas que has de irte a un monasterio o estar en lo alto de una cumbre, envuelto en la soledad, para dejar de escuchar aquello que está en desarmonía.

Ten presente

que vayas donde vayas,
te llevas todo lo que eres,
todo lo que sientes,
todo en lo que te has
convertido.

Es por ello, que hay que dejar de autoengañarse y comenzar paso a paso a entender quiénes somos y qué es todo esto que llamamos humanidad, civilización, mundo, existencia. Si tenemos en cuenta que casi ocho mil millones de habitantes conforman la civilización humana, podemos entender que debería de haber tantas realidades como individuos, porque cada persona tiene una historia particular, un viaje exclusivo como conciencia cósmica, pero también como identidad y como evolución. Cuantas veces habrás pensado «¿esto es todo?» «¿cuál es el sentido de todo esto?» «¿a esto lo llamamos vida?»

Eran otras épocas y teníamos claro que jamás íbamos a repetir las toxicidades que vivimos tan de cerca con nuestro entorno; pensábamos que nosotros éramos libres y que cambiaríamos el mundo, que ellos estaban prisioneros de sus decisiones o que eran incapaces de pensar de forma diferente. Hoy es el momento de mirarnos verdaderamente y ver en qué nos hemos convertido: ¿somos como nuestros antecesores? ¿hemos mejorado algo? ¿en quién nos hemos convertido?

Analizarnos con total sinceridad no está coligado al juicio o la culpa, todo lo contrario, ser crítico con uno mismo ilumina y despeja el pensamiento, nos impulsa a tomar esa vieja llave y abrir el cajón añejo, quizás olvidado y lleno de polvo y comenzar a vaciarlo. No tengas miedo a descubrirte.

No hace falta detenerse mucho, analizar conlleva una consecuencia y una manifestación, con lo que indefectiblemente podrás vislumbrar algo nuevo que se abre ante ti. Ocurre que a veces se construyen formas de vida idénticas a otras de manera inconsciente, aunque los pensamientos sean antagónicos a ellas y exista una lucha feroz por no ser iguales, por alejarse y no ser repetidores de esa misma estructura de vida, o de pensamiento. En ocasiones y sin quererlo, sin darse cuenta se clonan formatos, maneras, pensamientos de vida. Pero ¿por qué sucede esto? La respuesta es sencilla: porque el sistema nos condiciona a ser idénticos y sucumbimos una y mil veces ante el miedo latente de ser rechazados; nos sentimos cohibidos y frustrados ante los impulsos de nuestra sabiduría interna y finalmente el cansancio vence, acallando esa voluntad divina que cada ser humano porta en su esencia, cayendo de nuevo en esa antigua red o malla social que a todos nos asfixia.

En verdad todo lo podemos cambiar, en ese arte de encontrar nuestra luz y ofrecerla, hay un primer proceso que es titubeante, por lo que la mente se llena de preguntas, de cuestionamientos, de idas y de venidas. Pero después, llega otra faceta, una que está llena de transformación y guiada por un fuerte impulso, pues se experimenta una muerte y un renacimiento a la vez.

La fuerza interior que posee la humanidad es sagrada. Todos estamos hechos de la misma materia que el cosmos, su fuerza cósmica habita en cada uno, por lo que conectar con ese reservorio sagrado nos ayuda a ser más fuertes, más enraizados al planeta y por ende a la vida. Proponerse este reto conlleva un movimiento superior donde no hay cabida al autoengaño, por lo tanto, hay que quitarse los maquillajes y las máscaras, «no poner más excusas» para generar ese cambio interno y poder mirar de otra forma "la realidad de realidades". Este es un gran paso hacia la libertad, el poder respirar ese aire renovador, más cercano y reverente, lleno del espíritu de todos los tiempos, del orden supremo, del cosmos, de ti en verdad.

El**Gran** **Reseteo**

Las últimas décadas nos muestran una humanidad inconformista que exterioriza una gran incomodidad por los cánones de antaño aún vigentes. La humanidad siente que ha de vivir de otra manera, que ha de manifestarse, de transformar las estructuras, y en concreto apuestan por un futuro muy diferente. Se identifica con otros valores, con otras geometrías, por lo que el humano ha ido transformando su manera de vincularse con una nueva pertenencia, con una nueva identidad y autopercepción.

El ser humano ha ido evolucionando gracias a la socialización, a la conformación de grupos. Y ello ha tenido como resultado la búsqueda de clanes, grupos con iniciativas comunes y hallar formas de trabajar en equipo con una finalidad común. También esto ha ocurrido con los vínculos familiares o profesionales, con los trabajos, los amigos, la sexualidad. El humano ha ido experimentando diversas formas de sentirse, de identificarse, de hallar en su interior respuestas sobre:

¿Quién soy?

Sabemos, intuimos, tenemos la certeza de que hay algo más, que somos mucho más, algo que está aquí y también más allá de los velos de esta realidad material. Esta búsqueda esencial es la que nos impulsa a investigar y no solamente es una exploración espiritual, sino también biológica, vincular, grupal, individual, social, filosófica, ontológica que nos lleva a los conocimientos ancestrales, a volver al Origen, a la fuente.

Gran parte de la sociedad actual está transitando este camino, con decisiones profundas, asimilando que el estar aquí debe tener un sentido más amplio y a la vez más profundo.

Lo llaman el gran reseteo, es decir: ¿Quién escribió todos los valores? ¿Quién dijo que el vaso es vaso? ¿Por qué existe el matrimonio de dos y no de cinco? ¿Por qué la mujer es mujer y el hombre es hombre? ¿Por qué la mujer ha de tener un canon de comportamiento y el hombre otro? ¿Por qué los sujetos son binarios, cuando existen otras formas de género, de cuerpo?

Hoy todo se está cuestionando. La historia, el arte, la sexualidad, la manera de vivir, los roles, los arquetipos, la forma de trabajar, las costumbres y tradiciones, en fin, los pilares de la construcción de este tipo de sociedad en la que la humanidad ha vivido por siglos. Como siempre todo ello levanta ampollas, iras, discusiones y estados existenciales de temor, pero realmente los retos son los que hacen que las mentes y los corazones accionen, que la sociedad avance, que la humanidad explore.

Merece la pena intentarlo.

¿Podremos crear un mundo mejor
si logramos reencontrarnos?

El Sabio
El Pensador

No es un misterio para el lector que la filosofía nace en la Grecia del siglo VII antes de nuestra era y que surge como una forma de reflexionar, de profundizar en el pensamiento. Filosofía significa amor a la sabiduría, es la luz del saber. Los humanos de aquella época buscaban conectar con la existencia o las realidades por sí mismos prescindiendo de la guía de sus venerados Dioses. Buscaban otro tipo de respuestas y sobre todo aprender de ellas, en definitiva, tomar el destino por sus manos, la posta de sus vidas. Bien es cierto que, aunque la filosofía se conceptualiza en la civilización del enunciado siglo, el humano filosofó desde siempre, en cuanto aparecieron sus primeros interrogantes, "¿por qué?", "¿cómo?" "¿dónde?" "¿para qué?" Comenzó a cuestionarse, por lo que generó un debate interno que impulsó a la construcción de pensamientos, de búsquedas, de encuentros.

Sería digno de reflexionar si en verdad existiría la humanidad si jamás se hubiera hecho una pregunta. Las grandes cuestiones, esas preguntas que mueven hasta los cimientos más sólidos han hecho que las artes, la ciencia, las religiones, la historia, la antropología y todas las expresiones culturales comenzaran a llenarse de sentido y de gloria, de virtud y de encuentros con respuestas que han transformado por completo la concepción del mundo. Los primeros filósofos intentaron buscar la unidad en la multiplicidad del mundo, llegar a ese fondo que hay detrás de todo, que está más allá de nuestra psique, detrás de los velos. Los presocráticos, consideraban que, desde siempre, ha habido una multitud de cosas que surgían de ese fondo (hoy podríamos llamarlo Fuente, cosmos) y que estaban en continua lucha (este pensamiento pareciera que sigue hoy en día vigente). Podemos observar las diversas batallas que están sucediendo hoy en día: las geopolíticas, culturales, tecnológicas, médicas. Nada de esto construirá un avance para la humanidad si no hallamos la forma de comprender la existencia como un todo, de autopercibirnos como seres que, trascendemos hacia nuevos horizontes cósmicos desde este plano, desde el aquí y el ahora.

Primordialmente la filosofía se relacionaba con el ser. Lo que antes era develado por los dioses mediante designios y señales, el ser humano decidió intentar desarrollarlo por sí mismo, sin tener que depender sólo de la intermediación divina, y fue así que se animaron a reflexionar, a profundizar a través de sus pensamientos, intentando desvelar su verdad, la alétheia. Lo que antes se desarrollaba a través de los oráculos, éste se sustituye por el sabio (sophos, conocimiento). El sabio, por lo tanto, es aquel que manifiesta lo oculto, lo profundo; es el filósofo, es el pensador.

¿Podríamos hoy en día convertirnos en sabios? Ser sabio implica saber pensar, filosofar, pero no desde el sofá sino desde la acción, desde la cotidianidad y la manifestación diaria. Realizar esos pequeños actos que se llevan a la consciencia, al sentido, al "tú". Ser consecuentes con el pensamiento y la forma que le damos. Todo individuo que se cultive a un nivel intelectual, energético, cósmico y espiritual tiene en su haber el modo de poder acercarse a ese saber primordial que habita en él, interpretarlo y reflejarlo. Toda realidad (la humana, la cósmica) es susceptible del conocimiento filosófico, porque toda búsqueda comienza por una pregunta y todo encuentro por su respuesta. ¿Seguimos haciéndonos preguntas? ¿O en cambio tomamos las respuestas de bolsillo y seguimos el viaje con la justificación superficial por todo cuanto hacemos o no hacemos? El mecanicismo mental está tan instalado en la sociedad que, si bien muchos tienen miedo o reparo de la llegada del transhumanismo, créanme que ya está aquí, que los humanos parecieran clones, activados y programados por igual. Los pensamientos son una herramienta importantísima para poder crear las bases, la estructura de nuestra vida, de nuestros proyectos, de nuestro camino, en definitiva. Por ello, es tan significativo saber discernir, saber interpretar, saber contextualizar, y por sobre todo saber crearlo.

Formas del Pensamiento

¿Todos los pensamientos parten de la misma base?
¿En qué se basan tus pensamientos?
¿Cómo los formulas?
¿Realmente piensas por ti mismo/a?

Vamos a citar algunas tipologías
de cómo se formulan los pensamientos básicos, con la finalidad
de que reflexionen y en consecuencia comprendan cómo
se constituyen y cómo éstos se
desenvuelven en la vida cotidiana. En la última tipología descri-
bimos cómo es el pensamiento
verdadero, pero para llegar a él
es necesario comprender que la
mayoría de los pensamientos
que existen son emitidos y
no creados por nosotros de
forma consciente.

Formas de pensamientos sensoriales

Siento y luego pienso. Las sensaciones son disparadores donde el pensamiento tiene un primer impulso instintivo y superficial (acción y reacción). Las sensaciones son las que dan aviso de algo, una alerta física y psicobiológica. Está en nuestras manos saber utilizarlas y formular un pensamiento acorde a quienes somos en el momento en que se activa la sensación.

Ejemplo: "Me quemé, la próxima vez tendré más cuidado" por lo que analizaré qué hay detrás de ese dolor. El autoanálisis ha de ser sincero y no autoengañarnos. Quizás me quemé para estar más presente en el acto que realizo o puede ser que me autolesioné por cuestiones internas sin resolver. Ese dolor le va a producir al sujeto un pensamiento que se puede manifestar de forma irreflexiva (infravalorarse) o de dirigirlo de manera inteligente (comprendiendo que me quiere decir la situación o que puedo aprender de ella).

Formas de pensamientos conceptuales

Del latín *«concipere»* que etimológicamente significa «lo concebido». La formulación del pensamiento conceptual se crea como forma de razonar y de expresar características generales sobre lo aprendido. El individuo otorga significados a los objetos, símbolos, sonidos, imágenes, a todo aquello que percibe; pero dependiendo de la experiencia que haya vivido, del entorno en el que creció o experimentó, de la intelectualidad o la falta de ella, la conceptualización de los hechos y objetos los integrará a su realidad cotidiana generando una forma de pensamiento, una creencia también.

> **Ejemplo:** La familia en la que nací está muy politizada, por ello, la política es la base de mi vida; fui activista, tuve determinadas experiencias que me llevaron a ser de tal o cual partido. Dependiendo de qué ideología soy tendré determinados gustos, formas de vestirme, de hablar, incluso de elegir vacaciones, pareja, lecturas, … etc.

El pensamiento se construirá en base a mis concepciones. Por lo que la mayoría de las veces, el humano crecerá y se desarrollará en esos mismos conceptos, sin revisar a lo largo de la vida si se han ido transformando, o si se permite experimentar otro tipo de decisiones, fuera de esa ruta tan marcada y delineada. Esto es común hasta que el sujeto comienza el camino de hacerse otras preguntas, de cuestionarse, también de permitirse abrir la puerta a otras posibilidades y vivirlas sin recurrir al constante pensamiento sensorial.

Formas de pensamientos por asociaciones

Muchos de los pensamientos que emitimos llevan a cabo una o múltiples asociaciones. El iniciar el camino de vivir experiencias conlleva a la asociación de cosas.

Ejemplo: Este lugar me trae recuerdos de mi niñez, por lo tanto, ese lugar es...

Se realizan asociaciones de personas, lugares, experiencias, aromas, colores, creando un escenario completo que asociándolas crean una historia. Y esa historia se completa cuando se asocia a las ya citadas formas de pensamiento, es decir, la forma de crear el pensamiento sensorial y el conceptual.

Formas de pensamiento por comparaciones

La comparación forma parte de la mayoría de los pensamientos. A veces es inevitable «esto es mejor que lo otro, aquello es peor que esto». Irremediablemente se compara cada momento con otro tiempo, cada sensación con otra, cada vínculo con otro, cada frustración con un sueño. Este tipo de pensamiento genera asociaciones y pensamientos conceptuales que finalmente acaban en emociones o en pensamientos sensoriales.

Ejemplo: Me tomé tal medicamento y me fue muy bien, mejor que el otro que ingerí en el pasado, por lo que recomiendo esto.

Ejemplo: Un amigo me cuenta su experiencia en otro país, le fue muy bien, por lo que aquel lugar es mejor que este. Cuando pueda me iré yo también.

Este tipo de pensamiento comparativo generar conclusiones como si la experiencia fuera propia. Pero si se trabaja el discernimiento de la comparación, puede llegar a ser muy positivo para reflexionar, debatir y armar una estrategia de pensamiento acorde al momento actual del pensador.

Formas de pensamientos mecánicos

La repetición ha sido un mecanismo de aprendizaje por muchos, muchos años. Científicamente se demostró que cuando repetimos varias veces algo, el cerebro lo toma como una verdad, como un hecho y queda almacenado en el hemisferio izquierdo. Si en verdad pudiéramos controlar la emisión de nuestros pensamientos mecánicos, podríamos utilizar este modo de aprendizaje para acceder a la gran biblioteca de nuestro cerebro; pero en verdad, este mecanismo es el que genera que el humano tenga respuestas automatizadas, sin detenerse a formular su pensamiento. convirtiéndonos en repetidores de emisiones del pasado.

Ejemplo: ¿Cómo estás?

Respuesta automática: Cansado/a – bien – sobreviviendo – vamos tirando.

Pero la gran biblioteca de nuestro cerebro no solo está hecha de repetición, sino de la experiencia, de lo sensorial y de aquello que no somos capaces de captar, pero sí todos los sentidos.

El humano memoriza, repite, reacciona. Por todo ello, es primordial observar si repetimos lo mismo que escuchamos, sin investigarlo, sin reflexionarlo, sin tomarnos una pausa para el discernimiento.

Formas de pensamiento Filosófico Cósmico

Para la filosofía cósmica que propugnamos, la formación de un pensamiento procede de la materialización de una certeza. Un verdadero pensamiento no es el que se constituye por la formación sensorial, ni por la comparativa o por las asociaciones, ni mucho menos por un acto mecánico, sino que procede de algo superior, de la traducción de la intuición. Entendiendo como tal a aquel reservorio de sabiduría que hay inherente en la esencia de cada ser humano consciente. El resto de pensamientos (como los que hemos visto anteriormente) son moldes, son plantillas que distan mucho del verdadero conocimiento; los podemos llamar ruido, o estrategias, pero finalmente si la humanidad se deja arrastrar por ellos, opacará la forma de conectarse con lo más íntimo de su ser. ¿Alguna vez se han encontrado con pensamientos que no los han generado, que suenan en su interior, como si fuera una emisora de radio, de forma automática? Evidentemente, sí. En ese momento, has perdido el control de la creación de tu propio pensamiento, pues el cerebro está en modo automático y por su cuenta activa las partes más comunes y repetitivas. Pero estos son mecanismos elementales para la formación y evolución del ser humano que en la actualidad hay que comenzar a dominar para dar paso a un pensamiento superior, como es el que estamos desarrollando en este momento.

¿Qué es una certeza?
¿de dónde viene?

Una certeza no implica una historia, sino una conexión profunda con la alétheia, con lo profundo de uno mismo, con la verdad interna. No hay emociones, no hay mente que haga asociaciones o que tenga una comparativa con otra situación, no proviene de la experiencia ya vivida, sino que sólo se relaciona con los aprendizajes. Sería una aproximación a conectar realmente con el alma.

Si tomamos los siete principios universales de ÜR[2], el primero de ellos hace referencia al Principio del Todo Direccionado. «AM»: es el símbolo que representa el TODO como energía que proyecta, que se manifiesta en una dirección concreta. La dirección se desarrolla a través del pensamiento. Por lo tanto, el verdadero pensamiento puede cambiar de "forma" cualquier materialización, como por ejemplo las células de nuestra biología, las puede reprogramar, las puede liberar e incluso armonizar. Por lo que, un pensamiento filosófico-cósmico navega por ese TODO y es algo que carece de juicio, de culpa, de mentira, de dicotomías; procede de ese reservorio sagrado llamado alma que nos conecta con la luz de cada existencia, con la mayor expresión de amor y perfección universal donde la certeza se hace carne dentro de la biología humana.

[2] *La Raza 33. Un puente sagrado. Anael.*
Ed Kier. Pag 149

Psique y Alma

Claramente estos últimos años han sido momentos decisivos para dar el salto que desde hace tanto tiempo venimos presintiendo. Es hora de acopiar fuerzas y de mostrar nuestra valentía. Pero hay algunos pasos que hemos de dar y que son importantes. Como bien sabemos, cada uno de nosotros estamos enlazados o conectados con los vínculos que nos rodean, con la ciudad en la que vivimos y con la humanidad en su conjunto también, ya que entre todos conformamos lo que llamamos el alma de la raza humana. Esto es tan importante comprenderlo como tenerlo presente cada día, pues estar conectados con la humanidad actual significa que no solo estamos vinculados con su alma, sino que también podemos leer e interpretar su psique.

Para Aristóteles la psique es una entelequia, es decir, una fuerza que deriva en la propia realización, que tiene movimiento y crece o acumula cosas como es el conocimiento. Para la filosofía cósmica que divulgamos en Origen Estelar, el alma[3] es una esfera energética y divina que contiene el aprendizaje de la experiencia; mientras que la psique es el proceso, el

---

[3] *Del libro La Raza 33, un puente sagrado, editorial Kier, Anael. Pag 170.*

camino de la experiencia donde se encuentran las emociones, la mente estratégica, las dicotomías y, las sensaciones que llevan a la biología a una suerte de combate entre lo que es propio y lo que es ajeno. Y es ahí donde reside el gran vínculo tóxico que nos hace perecer y alejarnos de nuestra esencia si hemos perdido la batalla y si nos hemos dejado vencer.

Entre los filósofos presocráticos, Pitágoras defiende que el ser humano está dividido en cuerpo y en alma y que ésta última es inmortal porque está hecha del mismo linaje de los Dioses. Por lo que el alma vivirá reencarnada en un cuerpo, aseguraba. Mucho tiempo después, Platón será influido por la tesis pitagórica desarrollando la concepción dual del humano.

La humanidad en su conjunto representa un nivel de conciencia experimental[4], es decir, que necesitan de la experiencia para poder aprender y evolucionar. Esto conlleva emociones continuas donde se gestan nudos energéticos derivados de las incesantes dicotomías: desordenar para ordenar, caer para levantar. Por lo que, si el individuo aún no se ha trabajado lo suficiente, ni ha conectado consigo mismo, vivirá alejado de su entidad cosmobiológica separado de sus certezas. Esto le provocará caer fácilmente entre las redes de la psique humana y sus nudos tóxicos: el **miedo**, la **pertenencia**, el **temor** a la muerte, la **incertidumbre** (¿qué tengo que pensar? ¿cómo he de actuar?), la carencia, la gula, la falta de voluntad.

Todas ellas, antítesis de lo que es la armonía del ser. Pero, si queremos dar un salto evolutivo, avanzar desde lo más profundo y cambiar el mundo que percibimos, hemos de trabajarnos con esmero haciendo el mayor esfuerzo que hayamos hecho jamás y, cuando estemos preparados, ofrecer al mundo lo mejor de nosotros.

---

[4] *En el siguiente capítulo, desarrollamos este concepto, donde se describe también ampliamente en el libro La Raza 33, un puente sagrado, editorial Kier, Anael 2016. Pag 133.*

No será tan arduo el trabajo, solo requiere de mucha constancia, promover el empeño y sobre todo la voluntad para forjar un nuevo mundo que está floreciendo en nuestros corazones y esto, queridos viajeros estelares, no se puede negar. En la vida de todo ser humano llega un momento en el que tiene que hacerse cargo de su existencia, ya que éstos, son tiempos frágiles y cambiantes.

El hilo de la voluntad se podrá quebrar en algún momento de nuestro camino, pero también hemos de confiar y saber que podemos recomponerlo a través de otras frecuencias, como son la esperanza, el uso del buen hacer y la constancia. Todo ello, nos sirve de puente para trascender el estado de la apatía, para darnos las fuerzas necesarias y soltar lo obsoleto, despejando todo obstáculo para generar algo nuevo en nuestro interior. Después de todo ello, podremos mostrar al mundo lo aprendido con nuestro ejemplo de vida. Lo ofreceremos, lo reflejaremos y contaremos cómo lo hicimos, cómo nos desvinculamos de esos lastres que llevábamos siglos recargándolos innecesariamente en nuestras espaldas y por ende que desarmonizaban las cervicales, las lumbares y el resto de los nuestros órganos vitales. Hemos de tener en cuenta que nuestra biología siempre estuvo llena de esas memorias de dolor y de culpa, de autoexigencias y frustraciones. Y hoy decimos basta.

Como explicaba Heráclito, hemos de fluir con el devenir, con ese permanente cambio en el que el mundo está inmerso.

"Y entonces un hombre dijo: —«Háblanos del conocimiento de uno mismo».
Y él respondió: —«En silencio, vuestros corazones saben los secretos de los días y de las noches. Mas vuestros oídos

ansían escuchar el eco del conocimiento de vuestro corazón. Quisierais saber en palabras lo que siempre supisteis en pensamiento. Quisierais tocar con vuestros dedos el desnudo cuerpo de vuestros sueños. Y es bueno que así sea. El recóndito manantial de vuestra alma necesita brotar y correr murmurando hacia el mar. Y el tesoro de vuestra profundidad infinita se revelaría entonces a vuestros ojos. Mas no tratéis de pesar en balanzas vuestro tesoro desconocido. Ni exploréis las profundidades de vuestro conocimiento con cayados ni sondas. Porque el yo es un mar infinito, inconmensurable.

No digáis: "He hallado la verdad", sino: "He hallado una verdad".
No digáis: "He encontrado la senda del alma". Decid más bien. "He encontrado al alma caminando por mi senda".
Porque el alma camina por todas las sendas.
El alma no va en línea recta, ni crece como una caña.
El alma se despliega como un loto de innumerables pétalos"
—Khalil Gibrán—

Conectar con nuestra alma significa vincularnos con la sabiduría de nuestra conciencia, por lo que, de una forma poética, podríamos decir que tocamos nuestra esencia cuando logramos percibir el Alma. En ella reside el aprendizaje que hemos acumulado en nuestro viaje universal. Hemos de reconocerla como parte de nosotros, no como algo externo, ya que es un fragmento esencial de nuestra estructura sagrada, cósmica, energética y biológica también.

¿Cuántas veces hemos dicho frases que nunca habíamos pensado o leído y que nos impactaron incluso a nosotros mismos cuando las manifestábamos? En ese momento es cuando el alma está presente y es ahí cuando la identificamos como esa sabiduría innata que está en nosotros, por encima de la mente.

¿Cómo conectamos con nuestra alma?:

- Dándole existencia.
- Teniendo un compromiso de vida.
- Desalojando el miedo.
- Relacionándonos con el amor.

Empecemos por tener un compromiso con la vida, entenderla, comprender nuestro origen estelar y trazar un puente entre la realidad que vemos y la que intuimos, sentir la perfección en cada forma de existencia. Recordemos que el miedo no es más que la ausencia del amor, que el miedo confunde y desgana, aturde y divide. Y es por ello que todo nos parece inalcanzable, adentrándonos en el mundo de los ensueños perpetuos.

Dejemos de ritualizar la vida por un momento, de repetir todos los días las mismas escenas y abracemos nuestra predisposición al cambio, a la diversidad, a la transformación para fortalecer nuestro mundo interior. Desvinculémonos por un instante de la estructura social y vinculémonos más con nuestra voz interior, con la geometría del Universo y con el mayor tesoro que reside en tu corazón y tu Alma.

Relacionarse con el planeta y con sus océanos, conectarse con ellos como conciencias sagradas y soltar el arquetipo que hemos ido adquiriendo a lo largo de la vida, nos dará la oportunidad de transformar el ruido interno y despejar esos nudos mentales que tanto nos convierten en quienes no somos. Pero todo ello, solo lo puedes hacer tú, porque si para reconocerte necesitas de alguien que te guíe, entonces estarás preso de la manipulación; en cambio, si fortaleces tu autoestima y profundizas en tu interior, podrás conectar con incontables tesoros que habitan en ti. Trabajemos todos juntos, activémonos, tengamos esperanza de realizar nuestros sueños, porque seremos nosotros y no otros quienes construyamos este nuevo mundo que se atisba en el horizonte cósmico. Dejemos de alimentarnos a través de la psique y comencemos a coligarnos con el alma.

La Luz

El mar, la tierra, el cielo, el fuego, el viento, el mundo permanente en que vivimos, los astros remotísimos que casi nos suplican, que casi a veces son una mano que acaricia los ojos. Esa llegada de la luz que descansa en la frente.
¿De dónde llegas, de dónde vienes, amorosa forma que siento respirar, que siento como un pecho que encerrara una música, que siento como el rumor de unas arpas angélicas, ya casi cristalinas como el rumor de los mundos?
¿De dónde vienes, celeste túnica que con forma de rayo luminoso acaricias una frente que vive y sufre, que ama como lo vivo?; ¿de dónde tú, que tan pronto pareces el recuerdo de un fuego ardiente como el hierro que señala, como te aplacas sobre la cansada existencia de una cabeza que te comprende? Tu roce sin gemido, tu sonriente llegada como unos labios de arriba, el murmurar de tu secreto en el oído que espera, lastima o hace soñar como la pronunciación de un nombre que sólo pueden decir unos labios que brillan.
Contemplando ahora mismo estos tiernos animalitos que giran por tierra alrededor, bañados por tu presencia o escala silenciosa, revelados a su existencia, guardados por la mudez en la que sólo se oye el batir de las sangres.
Mirando esta nuestra propia piel, nuestro cuerpo visible porque tú lo revelas, luz que ignoro quién te envía, luz que llegas todavía como dicha por unos labios, con la forma de unos

dientes o de un beso suplicado, con todavía el calor de una
piel que nos ama.
Dime, dime quién es, quién me llama, quién me dice, quién
clama, dime qué es este envío remotísimo que suplica, qué
llanto a veces escucho cuando eres sólo una lágrima.
Oh tú, celeste luz temblorosa o deseo, fervorosa esperanza
de un pecho que no se extingue, de un pecho que se lamenta
como dos brazos largos capaces de enlazar una cintura en
la tierra. ¡Ay amorosa cadencia de los mundos remotos, de
los amantes que nunca dicen sus sufrimientos, de los cuerpos
que existen, de las almas que existen, de los cielos infinitos
que nos llegan con un silencio!

Vicente Aleixandre –

3 Niveles
o grados de evolución

Todos somos iguales en el sentido de que somos energía, frecuencias cósmicas en continua expansión, pero a la vez somos muy diferentes o mejor dicho somos únicos. Imaginaos que cada uno de nosotros tenemos un origen estelar y un viaje universal único; que existe un Plan sagrado para nuestra evolución cuya finalidad es la de adentrarnos en la vibración del amor, de la perfección y de la entrega. ¿Podríamos vivir diariamente desde esta filosofía cósmica, sin que la mente dictamine un pensamiento sensorial o comparativo? ¿Podríamos dejar de juzgar y empezar a observar libremente los diversos matices que componen toda forma de vida? ¿Podremos algún día respetar el ritmo de evolución de cada humano?

Todos somos únicos e irrepetibles, de eso no cabe duda, pero para lograr vivir día a día con la consecuencia de esta afirmación es imprescindible profundizar y comprender los diferentes niveles de evolución que hay encarnados en esta raza. De esta manera, desterraremos el juicio, la comparativa, la culpa y nos permitiremos vivir en conexión con la humanidad.

Semillas o Partículas Arcas

Son el primer grado que habitan en la raza humana, ellos solo encarnan para experimentar. Tienen un propósito individual y otro grupal. El propósito individual es el de formar su alma pues este cuerpo suprafísico y sagrado no está desarrollado en ellos aún. Y el grupal, aunque de forma totalmente inconsciente por su parte, consiste en transmitir las experiencias vividas a la conciencia planetaria. Las partículas arcas jamás van a aprender de las experiencias vividas, no encarnan con este propósito. Solo vienen a experimentar todo tipo de vibraciones, sin que haya una comprensión de ellas, ni un aprendizaje. Para este grado de frecuencia su evolución es lenta, les puede llevar eones hasta que un día les surge la pregunta ¿por qué? e inmediatamente pasan a un grado superior de comprensión.

Conciencias Experimentales

Es el siguiente eslabón evolutivo, después de las semillas arcas. En este nivel de conciencias el alma va comenzando a dibujar su media luna, forjada por los primeros aprendizajes. Estas conciencias experimentan respondiendo al ejercicio de prueba y error que van desarrollando a través de sus decisiones, preguntándose el porqué o el para qué las han vivido para luego modificar o transmutar sus pensamientos y acciones. Ello será trasladado a la raza humana, aportando enriquecimiento y vitalidad.

Conciencias Manifestadas

Son el tercer grado evolutivo encarnado en la raza humana. Las conciencias manifestadas han viajado por distintos mundos y civilizaciones cósmicas que tienen un nivel evolutivo elevado y que experimentan como humanos para manifestar su evolución. Aunque las conciencias de este grado no suelen recordar su amplio espectro universal, será la experiencia la que les otorgue esa capacidad de poder conectar con su fuente y sabiduría. Por lo tanto, ya no experimentan para aprender, sino para recordarse. Su alma está completamente formada. Han llegado a un nivel de entendimiento sin igual por lo que pueden interiorizar en el engranaje sagrado que conforma el Plan Divino del planeta y del universo. Las conciencias manifestadas emanan la energía de mayor frecuencia universal y espiritual. Aunque ellas no sean conscientes del todo en este plano, y crean a veces ser una conciencia experimental, la experiencia de vida les irá guiando hacia una comprensión mayor de sí mismas.

Como bien han podido comprobar a través de la lectura de los distintos niveles de conciencias, no todos los seres humanos tienen alma, aunque todos seamos sagrados y formemos parte de un plan universal perfecto trazado por esferas de un nivel superior o jerarquías cósmicas sagradas. Es de gran importancia alcanzar esta comprensión para manifestar una vida más clara, más simple y con menos juicio frente a situaciones que no comprendemos.

Es por ello que podemos hacernos la pregunta y respondernos con sinceridad ¿realmente conecto con la persona o solo me fijo en sus actos? Si solo me fijo en los actos y poco me importa la persona, entonces ¿por qué la incluyo en mi vida? ¿por qué la elijo?

¿No sería más liberador comprender qué nivel de frecuencia es y entender sus limitaciones como parte de su evolución? ¿No sería mejor entender que no todos los tiempos son iguales, y que quizás la otra persona está desarrollando su alma? ¿Podríamos llegar a observar sin enjuiciar?

¿Comprender significa permitir?

Este capítulo es tan importante como necesario porque si realmente queremos cambiar el mundo, tenemos que entender las diferencias, los grados, los desniveles, las ambigüedades, los tiempos, los matices de cada vida que conforman este mundo. Y todo ello ha de comenzar por ti, querida conciencia.

El **Multi** TIEMPO

Una gran parte de la sociedad vive encapsulada en algo que marca las pautas de todos sus movimientos que es el tiempo. Una herramienta que puede traspasar las fronteras de la gravedad y que, en cambio hoy es la mayor barrera existente en la sociedad. El concepto actual que tenemos del tiempo es un muro sólido que año tras año crece en forma vertical, alejándonos del influjo del cosmos y en horizontal, evitando el contacto con el ser.

Cada individuo dedica buena parte de su vida a mirar el reloj que decora su muñeca, los calendarios del teléfono móvil, Tablet o la computadora, para planificar y/o estructurar qué es lo que toca o debe hacer: la hora de levantarse, la hora de la comida, la hora para hacer una llamada, la hora para el descanso, la reunión, el curso … en vez de plantearse el cómo o el desde dónde o el para qué de estos actos. Nos ocupamos más de llegar "a tiempo" que en preparar nuestra biología, emociones y mente en el suceso que proyectamos en nuestros calendarios imaginarios.

¿Te has preguntado alguna vez qué te genera el tiempo?

Al ser humano de a pie, ese que trabaja incansablemente y que tiene ampollas en las manos y en el alma, ya casi se le ha olvidado que puede elegir. La mayoría de sus mentes están encasilladas en la inercia social, creen que piensan y sus voces dicen: "tengo que pagarle el colegio a mi hijo, los medicamentos a mi madre, el alquiler de la vivienda, la cuota del auto, los impuestos, la cobertura médica, el transporte, la comida, unos días de vacaciones, la computadora, el celular, el reloj". Estos pensamientos son los que inducen a sentir el tiempo como algo perdido, que es una inversión poco rentable y que en consecuencia nos remite a una vida que se torna frustrante o por momentos angustiosa. Por ello, quedan atrapados en ese círculo de polaridades que son infinitas en cuanto a que la sensación puede perdurar en las generaciones posteriores y son finitas, en cuanto a que podemos darle un final, desde el momento en el que somos conscientes de ser los protagonistas de nuestra vida y que ésta tiene un sentido primordial.

También, el tiempo es concebido como una herramienta o un instrumento para generar dinero o para perderlo, para ahorrar vida o hacerla más longeva, para olvidar o perdonar. Y por ello, la vida se torna en una carrera de postas, donde hay que estirar y acomodar más tiempo que solo sería posible si lo dominamos o salimos de él. Este «salir del tiempo» hace referencia al abandono de los segmentos temporales como un movimiento secuencial y lineal que siempre van en ese continuo y exacto avance hacia el segundo, el minuto, la hora, el día. Dar el salto. Pero en realidad, no somos conscientes de esta herramienta temporal, que gira alrededor de la muñeca o en las consultas diarias a nuestro teléfono; ese transcurrir domina claramente a la sociedad de hoy y pareciera que nadie puede imaginar escapar de ello sino tan solo una vida apartada en el campo o en el mar, paseando libremente y respirando el no-tiempo, algo para lo que claramente no es el momento, ni la era. El mantenernos en la ignorancia produce más frustración porque aquello que un día soñábamos, que imaginábamos, se difumina entre las nieblas del pasado. El presente no corre hacia atrás, no gira hacia el pasado y lo que soñamos queda solo en un pensamiento inalcanzable puesto que el tiempo presente no circula tampoco hacia adelante.

Nunca sospechábamos que debíamos correr tanto para conseguir las cosas, para atender a los otros, para llegar a algún lado, para intentar ser felices. ¿Adónde se fue esa chispa de ilusión que sentíamos? Soñábamos que un día cambiaríamos el mundo. —"Nunca me perderé. Yo seré diferente, haré las cosas de otra manera" solíamos pensar. — Incluso soñábamos con una vida y un mundo diferentes ¿se acuerdan?

Cuando tapamos nuestra esencia, nos perdemos entre los sonidos de otros tictacs, los del entorno, los de afuera, en sus sístoles y diástoles que siempre nos condicionan cuando nos olvidamos de nosotros. Habría que reflexionar y pensar si nos negamos quizás a ser felices, o es que nos sentimos cómodos en la nave del tiempo del otro.

¿Estamos atrapados en ese vórtice que el tiempo del minutero nos muestra? ¿por qué nos dejamos atrapar? ¿por qué lo elegimos?

Ya nadie duda que otros crearon esa organización del movimiento y del espacio para poder darle un orden al sistema, pero recuerda que tú también puedes ser un creador y hacer que ese tiempo esté a tu servicio.

Pero ¿y si les dijéramos que, en realidad, el tiempo puede ser utilizado para navegar por el espacio, para impulsar la imaginación o incluso para crear una realidad más acorde a lo que cada uno es? ¿Y si aceptaran hoy que en realidad ese tiempo que marca las agujas es una pequeñísima realidad dentro de un universo de probabilidades? El verdadero instrumento del tiempo reside dentro de ti, en lo más profundo de tu latido, en la esencia de quién eres. Y ese pulsar, esa esencia es la que ha de guiarte en cada momento de tu existencia; es el que te va a decir por donde seguir y qué escenarios hay que transformar, o evitar. Tu pulsar va a generar amor en cada acto cotidiano, te colmará de fuerza para enlazar con vínculos honestos. Pero lo más destacable es que comprenderás que tu vida es importante y que debes vivirla en libertad y en plenitud para que ese latido verdadero nunca se apague. Si algún día éste se detiene, será para experimentar la inmensidad de otros mundos que hay más allá.

Existen otros tiempos que no fueron creados por los humanos, son tiempos universales que fluctúan en el continuo infinito cósmico que rodea cada existencia: las dimensiones. Es el mulitiempo, el tiempo cósmico que se manifiesta, también, dentro de cada uno de nosotros, así como en todos los reinos y en la conciencia planetaria. Vivimos dentro del Universo Local o Material compuesto por 13 dimensiones, por lo tanto, todo lo que habita dentro de este universo refleja su multidimensionalidad en toda forma de existencia.

Tómate un poco de "tiempo" y navega entre tus propias dimensiones, analiza qué cosas son las que te hacen feliz y poco a poco puedes ir desechando aquellas que no te aportan nada.

Sé práctico y escucha a tu corazón, porque es él quien te dirá siempre las verdades. Utiliza la mente para poder traducir tu esencia y para poder comunicarlo también. Mañana será un nuevo día y las agujas del reloj volverán a marcar las 7 de la mañana, para que inicies un nuevo día sin olvidar que, esa construcción del tiempo no te identifica y que es tu Conciencia la que fluye por infinidad de tiempos cósmicos, de dimensiones siderales que puedes tocar desde tu alma, desde tu consciencia y desde tu biología. No seas un prisionero y coloca el tiempo a tu favor. ¿Cómo? Siendo consciente de esta información y consecuente con ella. Todos tenemos infinidad de probabilidades para transitar a lo largo de la vida, ampliemos nuestra visión y démonos la oportunidad.

LO
INTERhumano
Los Vínculos

Estos, no son momentos de espera ni de pertenencia. Son tiempos de acción consciente, donde nuestra esencia ha de abrirse camino, sin culpas y sin pedir permiso. Desde que nacemos estamos enlazados a toda la existencia, porque vivimos conectados de una forma u otra a esos hilos o hebras energéticas que tejen nuestros enlaces más sagrados en esta y en múltiples realidades. Estamos hilvanados (que no cosidos) a este espacio-tiempo y por ello pertenecemos a ese tejido multidimensionalidad del cosmos o lo que es lo mismo, al entramado del universo. Todas estas conexiones invisibles son las que nos conectan con el "TODO", con la conciencia de la humanidad, de nuestro planeta y del sistema solar, con el universo y todo lo que habita en él. Es debido a estos enlaces sagrados que permanentemente estamos informados de la frecuencia del entramado y de los cambios de cada ritmo existencial. Constantemente estamos recibiendo información del cosmos, pero también estamos emitiendo nuestra vibración. Como conciencia ya hemos comprendido este recorrido, pero como encarnación ¿lo recordamos?

Es importante comprender lo interhumano[5], esa parte energética, esas hebras que nos conectan con algo, el tú y el otro. Los seres humanos lo han llamado vínculos, aunque en realidad más que con el otro, se enlazan con una historia, con una experiencia, con un recuerdo. Los vínculos no son cadenas, aunque la sociedad lo lleve a ese concepto. Las creencias se han asentado durante siglos en aquello que llaman "pertenencia", a veces se ha llevado a extremos donde la relación se ha convertido

---

[5]*Alexander von Villers – Cartas a un desconocido: "Wiesenhaus. 27/12/1877. Creo supersticiosamente en lo interhumano. No soy yo, tampoco tú, sino que entre nosotros surge alguien que me dice "tu", al otro que soy. De modo que cada uno tiene su interhumano con un recíproco nombre compuesto, y de todos los cien interhumanos con cuyo cincuenta por ciento cada uno de nosotros está involucrado, ninguno se asemeja al otro. Mas el que piensa, siente y habla, ese el interhumano y a él pertenecen los pensamientos. Ese nos hace libres".*

en una obligación y la forma de correspondencia como un deber. Debo amar, debo estar, debo sacrificarme.

Bien es cierto que, en muchas ocasiones, las relaciones con los padres, los hijos, las parejas y amigos, etc… son limpias y puras, basadas en un amor fraterno y un acompañamiento sin igual, lo cual quiere decir que lo interhumano ha sido posible gracias a interrelacionarse entre individuos, respetando al máximo al otro, aunque sus pensamientos o evoluciones sean diferentes. El yo comparte con el tú, pudiendo descansar en la mirada del otro. Pero en otras ocasiones, la cruenta realidad se compone de testimonios de frustración y dolor, vínculos que desgarran vidas y que, aun siendo tóxicos, las personas se sienten en la obligación de formar parte de ellos, ya que se debe actuar conforme a lo que la memoria social histórica impuso durante milenios.

Reflexionemos juntos ¿Qué es lo que obliga al ser humano a seguir atado a un vínculo tóxico? Si la humanidad lograra tener relaciones interhumanas, es decir, vincularse desde la transparencia y sin exigencia alguna, ¿no crees que muchas de las ansiedades, frustraciones y heridas se aliviarían? ¿crees que bajaría el nivel de agresividad en la humanidad? ¿piensas que el mundo podría cambiar? ¿se disolverían los quiebres? ¿habría más libertad?

Desde la Filosofía Cósmica creemos fervientemente en la reencarnación, por lo tanto, podemos pensar en que la mayor parte de la humanidad ha encarnado en este planeta cientos de veces, por lo que ¿cuántos padres y madres habrán formado parte de nuestras encarnaciones? ¿cuántas parejas e hijos habremos tenido? Y en ese transcurrir, algunos vínculos habrán sido maravillosos y otros no tanto. De esta manera comprendemos que los roles o arquetipos adquiridos en esta vida son indistintos porque quien hoy es tu hijo, en otra vida podrá ser tu hermano; quien fue tu abuelo en el pasado, hoy en día puede ser tu mejor amiga.

Como humanidad nos hemos desarrollado de múltiples formas y experimentado a través de patrones, hemos vivido experiencias que han ido forjando nuestra evolución y todo ello para comprender lo esencial: el amor en sus múltiples manifestaciones. Como conciencias cósmicas al encarnar como humanos, fraccionamos este reservorio de sabiduría sagrada (el amor) para poder experimentar la transformación, la voluntad, el límite, la comprensión, la compasión. Experimentamos los vínculos porque es a través de ellos desde donde el individuo tiene la oportunidad de conocerse y de reconocerse, de aprender, de avanzar, de conectar con otras realidades.

¿Cuáles son tus
límites?

¿Escuchas **tu voz interior?**

¿Qué te **dice?**

Comprendemos que el humano se enamora del amor, de una imagen, de un concepto o idea exteriorizada por otros. Todo lo externo ha configurado una imagen de lo que uno ha de ser, pensar y sentir. Películas y series, canciones y libros que van destinados a implementar en la psique una forma de vida, una manera de cómo ser amante, pareja, madre, padre, hijo. Tenemos un catálogo con diferentes tipologías y plantillas repetitivas, románticas, pasionales y que constantemente van implantando en lo profundo de la mente la forma en la que debemos vivir, aspirar y ser. Nos muestra de manera reiterativa, casi obsesiva cómo debe amar una madre o un padre, cómo debe comportarse un hijo, cómo es el amor de pareja; nos embriagan, nos muestran los celos, la posesión, el castigo, el éxito. Todas estas imágenes y sensaciones han sido nuestro biberón, el alimento sensorial que nos ha convertido en clones y que finalmente, nos muestra la existencia de una transhumanización silenciosa. Una gran psico-organización que va minando al humano vulnerable, despistado, fuera de sí mismo. Muchas veces el individuo se encuentra encerrado en un personaje que ni el mismo ha creado, habitando la ficción. De ti depende que despiertes. Abre tus ojos.

Yo no soy eso **Soy diferente**

Los arquetipos son moldes que no dejan que la humanidad pueda crear nuevas formas de relacionarse o vincularse. Si salimos de la métrica social, podremos darnos cuenta de que todo lo que existe frente a nosotros son paquetes de datos, átomos en movimiento, son increíbles mundos personalizados; constelaciones singulares donde podemos observar y decidir de qué manera vincularnos atendiendo a nuestra verdad más absoluta o dejarlos ir y soltar aquello que nos produce toxicidad. Esto último también es amor, porque la **obligación secuestra la libertad y con el tiempo enferma los corazones.**

El amor envuelve toda forma y existencia. El amor se teje día a día. Es libertad y expresión, es poder ser quien en verdad eres y manifestarlo. A veces compartir instantes, aun cuando es en silencio, acompañando los tiempos de otros, es suficiente para seguir nuestro camino y llenar el alma. Porque la pertenencia, el esperar el reconocimiento de los seres que amamos quizás sea lo que nos ha detenido durante mucho tiempo y lo que ha provocado en unos, una autoexigencia desmedida y en otros, un abandono absoluto. Es tiempo de soltar también esa forma de pensar. Cada ser que nos rodea vive en su tiempo, tiene una historia particular, un origen que conformó sus primeros patrones de vida al igual que su profundidad que sólo le pertenece a ese otro y por ende a su evolución sagrada o involución. Hemos de respetar que somos diferentes y esto nos ha de enriquecer.

La idea de pertenencia ya ha de quedar atrás. Es momento de airear los vínculos, sacarlos afuera, que les acaricie el viento, el sol de la mañana y después colocarlos en su verdadero lugar, permitir que coloreen nuestra esencia de forma renovada. Quizás queramos continuar parte de nuestro viaje con ellos o quizás no y todo estará bien, porque el estar viviendo en el universo implica que toda existencia es perfecta y que hay un plan para cada uno de nosotros, aunque a veces no lo comprendamos, aunque nos cueste aceptarlo.

Otras realidades y civilizaciones del cosmos nos observan en calma y esperan que resignifiquemos nuestra encarnación liberando nuestras células de emociones y memorias obsoletas. Darles el correcto significado a estos hilos invisibles permite que transitemos la vida en plena libertad, reconociendo nuestra existencia como lo que realmente somos, seres sagrados y perfectos. Todo lo que ata oprime el alma. Permitirnos comprender esto de una manera simple y descontracturada nos abrirá la puerta para poder alcanzar el verdadero vínculo interhumano y universal.

EL CORAZÓN un
vehículo sagrado

ALLÁ DONDE RESIDEN TODOS LOS CAMINOS,
SOLO LA ILUMINACIÓN INTERIOR
PODRÁ ATESORAR LO YA CONSABIDO.

-ANAEL-

El corazón es un vehículo sagrado, es el emperador del cuerpo físico, como nos dice la medicina tradicional China. Es el que mueve todo, el que nos permite respirar y sobre todo el que realiza las conexiones tanto orgánicas cómo suprafísicas. Es el centro del pensamiento y de la memoria.

Realmente, ¿tenemos consciencia de nosotros mismos? De vez en cuando ¿verdad? Los ingredientes que nos desconectan de nosotros mismos son las emociones y los pensamientos en desarmonía. El cuerpo humano es una biotecnología en su funcionalidad, de esta manera, a imagen y semejanza de nuestro cuerpo se crearon las computadoras.

¿En qué nos diferenciamos de esta máquina? El ordenador está conectado a una red, a Internet, al igual que nosotros que estamos conectados a la red humana. Ambos pareciera que estamos programados ¿no? Pero en realidad, la computadora carece de conciencia, puesto que no tiene alma, no tiene códigos estelares ni corazón. En cambio, nosotros, aun teniendo todos estos cuerpos sagrados, no los sabemos utilizar, no somos conscientes de ello y no los dominamos. La inconsciencia nos lleva a ser semejantes a una computadora: estamos llenos de datos, nos movemos por acción y reacción, automatizados. Para poder cambiar el mundo hemos de dejar de ser máquinas y comenzar a descubrirnos como energía, como conciencia cósmica, como humanos también. Sería un buen momento para preguntarse ¿qué es ser humano?

En incontables ocasiones la arqueología nos ha mostrado objetos de una altísima tecnología que no han sido creados por el ser humano. Objetos inanimados con algo animado en su interior, como es el caso de las calaveras de cristal. Se remontan a la época de la Atlántida y fueron encontradas en Centroamérica, están forjadas en cristal de cuarzo, perfectas, sin vetas, y de una sola pieza. En su interior albergan inteligencias e información que no están en los planos materiales sino en frecuencias superiores, solamente accesibles para aquellos seres que puedan conectarse con múltiples dimensiones. De forma semejante, el ser humano sería esa calavera de cristal y su conciencia, la vida en el interior de dicho cristal. Debemos entender que nuestro cuerpo es un organismo perfecto. Podemos reprogramarlo, liberarlo de los arquetipos, pero no podemos desconectarlo de la red humana, ni planetaria, mientras estemos encarnados.

La vinculación entre cuerpo y conciencia es realizada por el corazón. En el transcurrir diario el humano se olvida de esta conexión y vive en piloto automático, en el programa. Afortunadamente, podemos decir que hoy son muchos los que están haciendo el trabajo de vivir con consciencia, conectados y gracias a ello, cada día estamos más cerca de dar un salto evolutivo como raza.

El corazón es el centro de toda actividad, siendo el **pensamiento**, la **memoria**, la **conciencia** y el **espíritu** parte de él. Es un órgano sumamente fuerte, es el gran dragón con múltiples fuegos internos que depuran, transmutan y desintegran toda acción o manifestación que pueda llegar a alterar nuestro estado esencial. Pero, hay que tener en cuenta que este vehículo sagrado no puede purificar todo lo que viene del cerebro, los órganos, las emociones y los pensamientos a la vez. La prioridad de nuestro corazón es la vida, podemos vivir sin piernas, pero no sin su latido. Su actividad como purificador no es un proceso mecánico: el corazón necesita que seamos conscientes de lo que queremos transformar y depurar, invitándonos a que el trabajo se haga en conjunto.

Cuando conectamos con el corazón y su núcleo más interno, se activan sus componentes supracósmicos, pudiendo transmutar todo lo que no sea necesario y evitando que se transmita al resto del cuerpo. Un individuo que no esté conectado a su corazón va a transmitir esa misma desconexión a su biología y, con el tiempo, su cuerpo colapsará. Por ello, como hemos mencionado en los capítulos anteriores, hemos de renunciar a ser clones, a ser todos iguales y lograr ser coherentes con quienes somos realmente. Gracias a la reflexión interna, a dedicar el tiempo a nuestro avance, a nuestra purga, a equilibrar nuestras emociones, a comprender nuestras prioridades, podemos llegar a esas grandes verdades, que son personales, sagradas y que nos conectan con nuestro emperador, el corazón.

No podemos acceder al mundo externo si antes no hemos accedido al interno. No podemos cambiar el mundo si no conectamos con el nuestro.

Cuando conectamos con nuestro mundo interior, con los conocimientos inherentes que traemos de otros tiempos y los hacemos carne, entonces el núcleo de nuestro corazón se relaciona con la verdadera realidad que hay dentro y afuera. Nos muestra el camino. Desde la filosofía cósmica siempre hemos enfatizado en que hay múltiples rutas, pero sólo una es la que eliges ahora por lo que será el corazón el que te guíe hacia la mejor probabilidad. Como esfera interna, este músculo sagrado es el que nos vincula con quiénes somos, unificando todo lo que fuimos y lo que seremos en este momento presente.

*La máxima sinceridad
consiste en profundizar
hacia el silencio interior.*

*La cavidad interna del
corazón jamás albergará
un laberinto, más si eres
sigiloso y logras penetrar
en la esencia que conecta
con TODO; será el amor,
como espacio infinito,
el elixir que unificará cada
expresión divina y sagrada.*

El Maestro de las Palabras[6]
Origen Estelar

ORIGEN ESTELAR

El corazón se activa en el momento en el que nos comunicamos con él. Profundizando en el mensaje de "El Maestro de las Palabras" podemos ver que en el corazón están todos los caminos y que solo cuando nos iluminamos internamente, cuando conectamos con nuestra esencia y espíritu, llegamos a lo consabido, a lo que ES. Apagando los ruidos y las pretensiones, volvemos a la esencia. Salimos del laberinto de tinieblas, de los senderos que nos han marcado, para poder proyectarnos en el eje vertical que somos, un continuo flujo cósmico. El amor viene a nosotros, completándonos en una conexión mutua. Porque el amor no es un sentimiento, es inteligencia cósmica, es esencia sagrada.

¿Cómo conectar con el corazón?

Dándole presencia y existencia. Entendiendo su significado y cuáles son sus funciones más allá de lo meramente biológico. Creando un vínculo inseparable. Recreando la alegría y la sonrisa, fomentando la honestidad. Siendo transparentes y permaneciendo en calma. Practicando la sabia escucha, el Dhar[7] y reflexionar. Conectar con el corazón es abrir la puerta de su templo interior:

"CADA ACTO DE AMOR Y DE COMPASIÓN REALIZADO DESDE LO MÁS HONDO DE VUESTRO SER, BAJO UN IMPULSO SAGRADO Y EN PLENA CONSCIENCIA, ES LA PUERTA DEFINITIVA HACIA NOSOTROS. EL AMOR ES EL UMBRAL POR EL CUAL LAS CONCIENCIAS SAGRADAS PODEMOS DESCENDER, PERO TAMBIÉN ASCENDER QUIENES ESTÉIS PREPARADOS"

-ANAEL & ELDER-
DEL LIBRO "MAHINDRA[8],
LA LUZ DE LAS JERARQUÍAS".

---

[7]Dhar con H, para la filosofía cósmica de Origen Estelar es potenciar la palabra, transformándola en espejo.
[8]Mahindra, la luz de las Jerarquías. Libro que pueden descargar en la web: www.viajerosestelares.com o en Amazon

Uno de los órganos más importantes y al que no solemos darle el protagonismo que merece es la lengua. El corazón se abre con la lengua y ella se potencia con él. Si el corazón está sano, la lengua también y viceversa. La lengua está vinculada desde siempre con la palabra, porque con ella es posible expresarnos, nos permite modular y generar las palabras que se forman a través de las cuerdas vocales. La palabra armónica es aquella que transmite nuestra verdadera vibración, en cambio, las palabras insanas son aquellas que expresan inconsistencia y desarmonía, por consiguiente, pueden llegar a perturbar la biología.

Este músculo es también parte esencial de la primera digestión, junto con la masticación. De modo que el corazón recibe todos los nutrientes de nuestra alimentación, de los cuáles absorbemos la energía solar depositada en ellos. Por lo que la armonía y el desequilibrio están en poder de la lengua, de la palabra, de la nutrición y de nuestro corazón.

Cuando expresamos palabras que no queremos decir y dejamos de escucharnos, nos desconectamos de la realidad, provocando mucho daño a nuestro corazón. En cambio, cuando habitamos la ilusión, la esperanza, la compasión, el impulso armonioso, nuestro corazón se siente amado, influyendo de forma decisiva en nuestra forma de hablar y en la manera en la que proyectamos nuestro vivir.

Para que nuestro principal núcleo cardiaco se active debemos darle vida, amarlo y reconocerlo.

Un corazón que es reconocido es el umbral hacia otras dimensiones y nos da la posibilidad de conectar con esos otros planos que tanto intuimos. Un corazón conectado nos manifiesta alegría, la plenitud o incluso la calma. Influye en la risa y en el llanto, pero cuando el corazón se encuentra en desequilibrio energético, podemos observar que provoca risa y llanto de forma descontrolada.

El silencio es la esencia de nuestro corazón. Por ello, la aceleración mental, el ruido interno, las ansiedades profundas, dejan en evidencia el mal funcionamiento de éste. En cambio, hablar con transparencia y sin pretensiones, sin emociones encontradas, es un camino a transitar que nos lleva a una comprensión mayor, a la unidad con la existencia. Cuando reconocemos nuestro corazón podemos habitar ese silencio y reconocer la esencia de nuestro dragón evolucionado, esa fuerza sagrada que reside en todos nosotros y nos habilita a dar los pasos necesarios para poder cambiar el mundo.

Patología
silenciosa

LA "NO MENTE" ES LA MENTE PURA,
LA QUE PRESCINDE DE LAS COMPLICACIONES.

-YAMAMOTO TSUNETOMO-

Todo lo que la vida nos brinda son oportunidades para reflexionar. Ahora es un buen momento para hacernos preguntas e intentar contestarlas desde nuestra máxima sinceridad: ¿Me cuido? ¿Me escucho? ¿Creo en mí?

Cuidarse

La palabra cuidar proviene del latín cogitare: pensar. Significa poner atención a algo, en este caso al bienestar. Nos cuidamos cuando nos nutrimos, ¿de qué? De la vida, de los alimentos, de la ilusión y la esperanza, de los proyectos. En definitiva, nos nutrimos de la energía, solo que ésta cambia de forma y varía el modo en el que nos la suministramos.

Científicamente está comprobado que el 80 % de todo aquello en lo que nos enfocamos, es decir, lo que escuchamos y vemos, lo que pensamos y sentimos, el cerebro lo toma como una realidad. Si solo direccionamos nuestra mirada hacia los medios de comunicación y sus extintas e infartadas noticias o hacia el juicio y las formas reiterativas de utilizar el vocabulario, estaremos mostrando a nuestro cerebro un mapa donde ese tanto por ciento se hará real para él, lo procesará y lo mandará en forma de impulsos al resto de nuestro organismo.

Comemos imbuidos por esas realidades que miramos y pensamos, que juzgamos. Invitamos a nuestro salón a Don Juicio, al dormitorio a Doña Ansiedad, compartimos oficina con Doña Prisa y otras actividades con Don Culpa o Doña Desgana. En definitiva, se instalan como eternos huéspedes en nuestros entornos, sin darnos cuenta que los hemos naturalizado a tal punto que nublan la percepción de quienes realmente somos. Ellos nos hablan, nos susurran sus puntos de vista y sus miedos, se hacen notar en nuestro interior provocando cansancio, desdén e ira. Frente a semejantes personajes, nuestro cerebro reacciona y activa una alerta, cree que hay una invasión y, aunque estas frecuencias nada tienen que ver con nuestra esencia de origen, las terminaremos haciendo propias. Por consiguiente, nos arrastrarán hacia el vacío hasta que un día decidamos parar, respirar, oxigenarnos y mostrarles la puerta de salida de nuestro mundo.

Durante mucho tiempo hemos dejado de cuidarnos porque hemos creído que sentir todas estas vibraciones era normal, porque "a todo el mundo le pasa". Y esa normalidad es anormal, es una patología silenciosa.

Si hay un desequilibrio en nosotros es porque de manera muy clara no hemos atendido todas las alarmas, las hemos tapado, las hemos evitado o justificado y finalmente ellas estallan en nuestro interior. Cuidarse engloba todo un corpus de mecanismos, de acciones y conexiones donde el protagonista es el individuo que convive con diversas frecuencias.

Enlazar con el amor que hay en ti es primordial para comenzar a cuidarte de forma inminente.

Bienestar, es **estar** bien.

Podemos empezar ocupándonos de armonizar nuestro sistema inmune, equilibrar nuestras emociones, de hacer lo que siempre deberíamos de haber hecho como seres conscientes, como por ejemplo desvincularnos de todo lo tóxico que hay en nuestras vidas. Así como también, es importante reforzar la higiene biológica, la mental y la emocional, e incorporar a nuestros hábitos diarios los alimentos esenciales, como son: semillas, frutas y verduras frescas, beber abundante agua, hacer ejercicio, tomar el sol en las horas de irradiación baja, respirar la luz, contemplar. Es bienestar también reflexionar en calma, tener iniciativas constructivas y no dejarnos llevar por las oleadas de pensamientos difusos o confusos. Es bienestar el discernimiento, la intuición. Es cuidarse el observar sin absorber.

Escucharse

Nos referimos a sentirnos, a conectar con nuestra esencia, a darnos la oportunidad de dedicar tiempo a la escucha interna y a los verdaderos pensamientos. El pensamiento toma su tiempo, como decía Spinoza, produce lentitud si su propio desarrollo es reflexivo o rapidez si son fugaces o mecánicos. Escucharnos es vital, es necesario, porque no solo de la razón está hecho el humano, sino de algo mucho más sutil y profundo: la sensación de sentirnos vivos, de ser, de poder decidir, de dirigir nuestras ideas y emociones hacia una conexión mayor con la armonía del universo y espiritualizarnos, es decir, conectar con la ontología de la propia vida. Pues aquel que se escucha se transforma en la copa sagrada, en el Grial, cuyo contenido es la esencia y el líquido su forma. Cuando somos capaces de ir más allá de esa forma y de las emociones que la integran, damos un enorme salto evolutivo, dejando espacio a la voz interior, a la escucha de quienes somos en verdad y en definitiva al contenido que es nuestra esencia.

Crear

Creer en nosotros, por lo tanto, es primordial pues es ahí donde está el origen de lo que toma forma, a saber: los conceptos, las resoluciones, la manera en la que vamos a sentir e interpretar cualquier experiencia. De nosotros nace una personalidad que se va moldeando con el entorno, con la cultura, con el tiempo. De nosotros emerge la confusión o la lucidez; todo depende de esa llama interna, de esa luz que habita en nuestra profundidad y que solo la voz interna es capaz de hallarla, de fortalecerla, de iluminarla o de apagarla. Sin la comunicación interna, la geometría sagrada que habitas deja de emitir su luz, porque tú eres el eje de todo.

Buscar o Encontrar

Cada sentimiento golpea al ser humano en silencio, al igual que el viajero del mar sucumbe ante el escollo que habita en sus aguas. A veces el individuo cree que el sentimiento es lo que le hace humano y en verdad también es lo que les paraliza. En ocasiones, los sentimientos son como un muro que no dejan ver la divinidad del otro, quedan atrapados en una historia, impidiendo la conexión con uno mismo, con el mundo.

El sentimiento es como un disfraz que en primera instancia gusta y atrae, pareciera divertido hasta que nos damos cuenta de la multitud de trajes donde cada uno representa una amplia diversidad de realidades. Ninguno se parece a otro y todos tapan lo que somos. Los sentimientos desarmónicos son los que se disfrazan de ilusiones, llevando al humano a conectar con sentires tóxicos tales como el miedo a confundirse, el deseo de un gran amor, la posesión sin permiso, la duda existencial, la angustia de estar solos y un largo etcétera, un sinfín de disfraces que recubren ese gran halo de luz llamada humanidad.

Cada ser humano transita su vida en la búsqueda de respuestas que están en su interior; la tan añorada calma imperecedera, el sentir la Luz que habita en toda forma de existencia: encontrar, convivir y fomentar el amor que es la frecuencia sustentadora de todo lo que es. El humano busca incansablemente cuando en verdad su gran viaje es el encuentro o, mejor dicho, el reencontrarse.

> *El buscador tiene la necesidad de Ser,*
> *mientras que el que encuentra Es.*

Pero, como todo lo que existe en este universo, el ejercicio es bien sencillo: solo has de focalizar en una vibración diferente, en vez de salir a buscar, debes ir hacia el reencuentro. Tanto el que busca cómo el que encuentra ha transitado un camino, por lo que cada elección es personal y sagrada. Y cuando sucede este simple pero gran cambio, el sentimiento desaparece para dar paso a una frecuencia mucho mayor, a una seguridad de fluir inyectada a la savia de la vida y a su líquido sagrado.

Cuando desarrollamos sentimientos con dependencia estos se transforman en adicción, nada comparable con lo que en verdad es el amor.

La decisión está en tus manos, pero siempre es bueno analizarse internamente, sin autoengaños para así determinar cuál es el grado de sujeción o el grado de amor; porque recuerda que siempre amanece de nuevo y que cada día tienes la oportunidad de transformar la probabilidad de tu vida en una vibración mayor. Tú eres el mejor guía.

La **Paz** y la **Pax**

"VAMOS A SENTAR LAS BASES DE NUEVAS
TRADICIONES DE LA CULTURA,
CUANDO EL CONOCIMIENTO SE TRANSMITA
NO SÓLO PARA OBTENER INFORMACIÓN SINO
TAMBIÉN PARA ENNOBLECER EL CORAZÓN,
PARA LA CLARIFICACIÓN Y UNIFICACIÓN DEL
ESPÍRITU HUMANO."

-NICOLÁS ROËRICH

Uno de los mayores anhelos de la humanidad es la tan deseada Paz en el mundo. Pero ¿qué es realmente la Paz? Se atribuye este "estado de gracia" a la finalización de todo tipo de conflicto, generalmente al de la guerra. Y si ya no hubiera guerra en el mundo, ¿creen que la Paz se instalaría en cada hogar, en cada familia o en cada grupo? Y si no existieran las agresiones físicas o mentales ¿creen que la paz afloraría en la humanidad?

Se le ha dado el significado de Paz a la ausencia de uno de los extremos de la dualidad, a la carencia del lado negativo, o al menos a lo que uno cree que es ese sector ausente de toda luz. Algunos grupos de la sociedad han puesto toda la fuerza humana y sobrehumana para evitar todo tipo de transgresión, otros en cambio se hacen más ricos cada vez que la perturbación o la catástrofe de nuestra civilización se asoma a la faz de la tierra. Ya no es un secreto que la enfermedad o la guerra es un negocio donde están implicados cientos de sectores. Siempre hubo – y aún lo hay – intereses del "poder" en todo ello y durante mucho tiempo esa élite manejó este juego de la tercera dimensión a placer. Una dimensión donde las estructuras sociales están basadas en la dualidad, en el amor y el miedo, en la vida y la muerte, en la sanación y la enfermedad, en la alegría y la tristeza.

¿Cómo puede existir la Paz si se vive en una constante dualidad? Es imposible, acaso que no hagamos todos un esfuerzo profundo y personal y comencemos a vivir en la cuarta dimensión. Desde la filosofía cósmica, el significado de PAZ es el de la esencia cósmica primigenia que hay que manifestar primero en uno y luego con el Todo a través del movimiento constante. Y si nos referimos a su raíz latina pax, significa que esa esencia cósmica hay que reflejarla por igual en el eje del yo (individuo) y en el eje del tú (mundo externo).

Por lo tanto, la geometría de la cuarta dimensión es aquella donde la dualidad se fusiona. Pueden comprobar que, si tomamos los dos extremos de una línea y los unimos, la linealidad desaparecerá transformándose en una circunferencia.

"SI QUIERES HACER LA PAZ CON TU ENEMIGO TIENES QUE TRABAJAR CON ÉL. ENTONCES SE CONVIERTE EN TU COMPAÑERO"

-NELSON MANDELA-

¿Cómo unificar estas polaridades en nuestra vida cotidiana? Es bien sencillo: viviendo cada hecho cotidiano como una experiencia, sin etiquetarla, sin juzgarla y por sobre todo sin culparla. Debemos aprender a resignificar nuestras vidas incorporando este nuevo concepto. Es la fórmula que ahora hay que implementar si queremos subir la frecuencia de la humanidad y alejarnos de tanto bullicio o ruido que se está generando en este momento planetario.

Practicar la intuición, las nuevas formas de hacer las cosas, será la llave que nos permita contemplar la Paz dentro de cada uno de nosotros. De esta manera, podremos descubrir cómo es nuestra esencia y expiar las culpas. Lograremos desatar los nudos imaginarios que hemos adoptado y generar así la calma, esa que inunda cada partícula divina y que traspasa cualquier estigma. Si practicamos en realidad quienes somos, vislumbraremos un nuevo camino, comenzando a vibrar en una sintonía que no está en el afuera sino en el adentro.

CALMA: Corazón + Alma

Amarte es importante,
devolverá a cada célula el oxígeno perdido
y a tu vida un nuevo esplendor.

Es el momento de mirar la realidad desde un prisma diferente. Está más que demostrado que necesitamos otra ruta, otra fórmula, otra malla con la que sentirnos identificados, porque esta que existe en la actualidad ya no nos sirve.

Integrar lo que somos, habitarlo y amarlo es comenzar a recorrer un sendero que nos llevará a la frecuencia de la Paz o Pax. Para poder luego brindarlo en total disfrute. Ahora el primer paso consiste en focalizar en ti y comenzar a existir. Hallar la manera de vincularte con tu amor más profundo y noble y reflejarlo como individuo y como esencia, eso sí, sin prisa, pero sin pausa promoviendo ese sentir interno de que puedes cambiar el mundo.

LA VOZ
del cosmos

Desde que el ser humano miró por primera vez las estrellas, supo que de alguna forma llegaría el día en el que se construirían puentes para poder comunicarse con ellas. Pasaron infinidad de siglos y de aquellos cúmulos de energías sagradas y brillantes descendieron conciencias con mensajes para alentar a la humanidad hacia un grado mayor de amor y de respeto por toda vida, visible e invisible. "Los Mayores" nunca nos transmitieron la codicia ni la segmentación. Se manifestaron y por ende nos impulsaron hacia una búsqueda interna, nos dieron herramientas a través de signos y de números, descubriéndonos el sonido. Nos demostraron su infinita compasión a través del impulso divino que, como ondas de holón, llenaron de amor nuestras aguas internas. Ahora, estas aguas han perdido su fluidez, provocando una sed insaciable, el deseo de ser un "Mayor", desnaturalizando la fuente primigenia y frustrando así el verdadero mensaje.

*El propósito de las conciencias
que venimos del cosmos, de zonas
siderales, es la de transferiros nuestra
sabiduría, la savia cósmica y la
fuente única. Encarnados aquí para
ofrecer todo cuanto somos, sin esperar
devolución, ni agradecimiento.*

*Manifestar el impulso puro, sin herida
humana y sin arruga humana;
solo reflejando la conciencia de Nos".*

Anael & Elder

El mensaje es claro: reordenar el mundo interno del humano. Pero, existe un gran reto para esta humanidad creciente y no es otro que el de ser receptores de la voz inconmensurable del cosmos. Humildad, amor, ausencia de pretensiones es lo que se requiere; prescindir de la dualidad y del concepto mío y tuyo. Hay que bajarse de esa carrera de postas y caminar de la mano con uno mismo, para transformar lo mental en intuitivo, para transmigrar tu identidad hacia un mundo donde no existe la búsqueda del reconocimiento, ni la lucha por ser el mejor vidente o clarividente. El nuevo ciclo que la humanidad tiene que transitar no es el copio y pego, no es el de insertar palabras de otros en los muros de las redes sociales. Esto no es trascender y definitivamente tampoco fue el mensaje de nuestros "Mayores".

Hay que armonizar el mundo interno de cada individuo y comenzar a brillar, emitir la esencia del Ser. Pero si ves que no puedes hacerlo, entonces, comienza por un acto de humildad hacia ti. El inminente mundo que será habilitado por tu despertar, tendrá el poder de conectar con un nivel de sociedad mayor, conformado por otras civilizaciones cósmicas. Para ello, las herramientas serán la escucha y el sentirte. **Ya no existen maestros ni gurús. Alejaros de los iluminados y los elegidos, al igual de los que se auto proclaman guías y discernir sobre los llamados "dones especiales". Ya no más mensajes interesados.**

Solo existes tú, ahora, en este instante y lo demás es sólo una holografía creada para tu entendimiento. Cuando te encuentres, habrás creado ese puente desde donde podrás viajar hacia las estrellas e incluso observar cómo también vienen a ti esas civilizaciones cósmicas.

Está en ti, el poder ser integrante consciente de este reservorio estelar. Esto no es una invitación, es el lugar que te pertenece como conciencia y esencia, como sabiduría en esta nueva raza. Una conciencia unida desde tu encarnación a todas las leyes sagradas cósmicas.

Es simple, es verdadero. Tú eres el eje y el faro que ilumina el gran cambio.

El dolor,
un misterio que transformar

El dolor es capaz de producir el deterioro más grande en la personalidad humana y vulnerar uno de los derechos más importantes que es el de vivir en perfecto equilibrio y armonía con el cosmos y el planeta.

En los pueblos antiguos, cuando el dolor en el individuo era de origen interno, este tenía una connotación sobrenatural o de tipo supersticioso; ellos colocaban anillos en la nariz y en las orejas, o bien talismanes o amuletos a su alrededor. Casi siempre apelaban al jefe de la comunidad – que era mujer – quien actuaba como hechicera, iniciando un ritual de conjuros y cantos, e incluso en algunas ocasiones absorbía el espíritu de la herida para alejarlo del enfermo.

El papiro de Edwin Smith es un tratado médico egipcio que data del siglo XVII a.C y a través de él se puede vislumbrar al primer médico que exploró los misterios del cuerpo humano. En su faceta médica, Imhotep ignoró al cerebro como órgano vital y puso énfasis en el corazón (al que consideraba como «el soplo de vida») y sus vasos "metu".

En el Rigveda (el texto más antiguo de la India, fechado entre el 1700 y el 1100 a.C) se describen cientos de remedios basados en minerales, plantas y animales entre los que se encontraban anestésicos y analgésicos. Al Rey Indra (señor del cielo) se le atribuían gran parte de los conocimientos que se tenían hasta ese momento y con respecto al dolor afirmaba: «nacimiento es dolor, decaimiento es dolor, enfermedad es dolor, muerte es dolor».

Lo cierto es que, a lo largo de la Historia, el ser humano no entabló la lucha contra el dolor con el mismo énfasis con que lo hace hoy. Hay otro tipo de dolores, que son invisibles que socavan lo más profundo de la existencia humana y que urgen transformarlos con inmediatez. Son los mal llamados dolores del alma, como la ausencia del espíritu o de la fe. La humanidad necesita ser **comprendida** y sobre todo **reconocida** como una entidad especial.

Una gran parte de la sociedad habita en la ignorancia de las verdaderas necesidades del individuo y ese desamparo del mundo sagrado es el que ha minado poco a poco a aquellas conciencias frágiles que no sienten que pertenezcan a él.

El dolor de hoy puede ser transformado de forma radical en cada corazón humano. Las respuestas están muy cerca, porque dentro de cada individuo existe una ilusión y una chispa de querer hacer lo que siempre soñó; porque en las entrañas de cada ser humano hay una voz interior que debe ser escuchada y no callada. En lo profundo de cada ser existe una esfera sagrada. Solo tú gobiernas tu existencia, solo tú puedes decidir cuál es tu felicidad. Te aseguro que, si comienzas a transformar pequeños actos cotidianos en aquello que te hacen sentir bien, podrás ser testigo de que el dolor se va calmando, hasta que un día, un buen día, todo tu Ser se colmará de esperanza y de plenitud y sentirás que todo lo anterior formó parte de una ilusión lejana. La única receta verdadera está en tus manos.

Date la oportunidad de ser feliz y líbrate del dolor de no ser quién en verdad eres.

La **vida** y la **muerte**

"ESTA VIDA DE LA QUE LA MUERTE
ES ALEJADA A PRUDENTE DISTANCIA
NOS PARECE MENOS ENAMORADA
DE LAS COSAS Y DE LOS SERES QUE
AQUELLA OTRA, CUYO CENTRO ERA
LA MUERTE"

-PHILIPPE ARIÉS-

La vida y la muerte son hechos sagrados que la conciencia viajera utiliza para poder integrarse en distintos mundos y, por ende, en diferentes razas cósmicas. Esta conciencia estelar es eterna, tan solo cambia de vehículo, pero siempre, siempre, vuelve al Origen.

El miedo a la muerte acecha a los seres humanos y no solo el temor a la desaparición de nuestros seres más queridos, sino a la propia. En ocasiones, se preguntarán ¿cuándo nos va a llegar? El individuo transita entre dimensiones y precisamente las más sutiles son las que escapan al ojo humano. Todo es vida en distintas proyecciones, por ello si entendemos el principio básico del universo, comprenderemos que todo es energía y por lo tanto ella ni nace ni muere.

Somos una entidad energética y cósmica que experimenta. Por lo tanto, nos encarnamos en diversas civilizaciones, mudando de vehículo cuando acaba cada experiencia y volviendo de nuevo a otro para seguir el viaje hacia un conocimiento o entendimiento mayor.

"En la época anterior al siglo XVIII, la vida y la muerte eran parte de un todo, se convivía con la muerte, dándole "vida" y sentido. Los seres humanos de aquella época embellecían sus vidas para tener una muerte digna. Convivían con y entre los muertos, naturalizando ese tránsito. En cambio, después, la vida se disoció de la muerte, a tal punto que aquellos lazos se rompieron, relegando a la muerte a un punto oscuro y siniestro. La muerte ya no era protagonista ni convivía entre los quehaceres diarios de los hombres.
Se alentó, en definitiva, a transitar la vida con el constante miedo a la desconocida muerte"

"Todos debemos recordar que somos esa luz incandescente del universo, con inteligencia y sabiduría propia, y que, a través de nuestro cuerpo, podemos expresar lo que somos en la Tierra. El cuerpo no tapa, no cubre nuestra divinidad, el cuerpo nos representa"

Extractos del libro Desencarnación, el regreso al Origen Cósmico, Editorial Kier, Autora Anael

La Conciencia no siente dolor, ni sufrimiento; no tiene máscaras ni culpas. Y si el ser humano se liberara de todo conflicto diario y de su ruido interno, si fuera capaz de conectar con su propia esencia sin pedir soluciones a los demás, cruzaría el umbral. Si el ser humano pudiera humanizarse, sentir su piel y su divinidad, sus manos constructoras y su mirada pura; si lograra observar con los ojos de un niño, traspasaría una dimensión donde la comprensión permearía su campo energético, deteniendo por siempre el miedo y el sufrimiento.

A lo largo de nuestra vida, hemos compartido y vivido de cerca la desencarnación de seres queridos y este hecho ha sido el detonante –en muchos casos– de una búsqueda más profunda de lo que en verdad significa la vida y el propósito de nuestra existencia. Pero, en realidad, la muerte no es un hecho aislado de la vida, así como la vida no se separa de la muerte.

**Comprender la muerte es aliarse a la vida
y aliarse a ella significa Existir.**

En definitiva, la muerte no existe. Somos cuerpo y conciencia, cuando desencarnamos dejamos un cuerpo biológico, pero nuestra conciencia sigue existiendo, tal vez en otros moldes, y es a través de ellos que el viaje continúa.

Memoria Estelar

«TODO ES ENERGÍA, TODO ES ESPÍRITU,
TODO ES UNIVERSO, TODO ES DIOS»

LA RAZA 33, UN PUENTE SAGRADO.
-ANAEL-

Antes que seres humanos, somos Conciencias cósmicas, energía del firmamento con experiencias en múltiples mundos. La sabiduría que ha adquirido nuestra conciencia reside de forma imperecedera en nuestra esencia, pero el conocimiento experimentado reside en los diferentes cuerpos energéticos que conforman nuestro templo sagrado. La filosofía cósmica que divulgamos se enfoca en desvelar «lo oculto» es decir, la memoria, la sabiduría del cosmos para integrarla en las vidas cotidianas.

El origen de nuestra conciencia está fuera de esta Tierra, nace en otros puntos del universo e, incluso, en otros universos más distantes. Este conocimiento es vital para comprender que, si nuestro Ser ha vivido experiencias en otros lugares del firmamento, traemos al planeta información del universo. Por lo tanto, el hecho de encarnar como seres humanos no nos impide acceder a nuestras propias memorias estelares[9].

---

[9] *"Desencarnación. El regreso al origen cósmico", Anael. Buenos Aires. Ed Kier, 2017*

Poder entrar en la Memoria de nuestras experiencias cósmicas será lo que transforme definitivamente a la humanidad, convirtiéndola en una raza estelar que se relacione con otras civilizaciones del cosmos. No solamente hay vida fuera de nuestro planeta, sino que es infinita la variedad de sociedades inteligentes que surcan el tejido del cosmos.

El integrar de forma consciente la savia cósmica en la encarnación humana no sólo ayudará a la raza humana en su crecimiento, sino que también conformará una sociedad en equilibrio y en plenitud. Para ello, hay que desnudar el corazón y permearlo de las grandes verdades que anidan en nuestra alma cósmica.

Es posible traducir la información que cada esencia estelar trae a la civilización planetaria si se le dedica amor y constancia. Es posible que todos aquellos que sientan el llamado y cuya percepción no sea la de mera curiosidad sino la de la certeza de querer subir un peldaño más, puedan conectar con su sabiduría más profunda, manifestarla y ofrendarla, porque todos inicialmente como conciencias somos viajeros estelares.

Somos esos cuerpos errantes que viajamos a través del cosmos por infinitas redes, en las que nuestro ser sagrado en ocasiones se hace carne para ser humanos y otras se convierte en agua para ser océano; a veces somos líquidos como el mercurio y otras en cambio descansamos entre enormes geometrías cristalinas. Nuestra conciencia cósmica viaja sin cesar por mundos y sociedades galácticas desde que decidimos experimentarnos. Y es la suma de todo ello lo que nuestra existencia de hoy anhela sentir.

Buscamos durante toda nuestra vida lo que ya habita de forma natural en nuestra existencia: una memoria estelar. Sólo hay que conectar con ello, desintoxicarse de ideas y conceptos y recuperar el enlace esencial a un Todo universal.

Las decisiones son puentes que albergan elecciones en lo profundo del humano, en lo profundo de cada voz, en las entrañas del verbo. Estas elecciones son las que determinarán en qué lugar y tiempo de la historia de nuestra raza quieres estar. Puedes ser el Creador o el Creado. Recordarte que tú formas parte de una historia increíble, que durante miles de años se enseñará en otras civilizaciones del universo, como la historia de la humanidad, su propósito y su divinidad solar. Tú participas en todo ello.

Y ¿aún puedes dudar de que tú puedes cambiar el mundo?

La virtud de poder
reflexionar

Jamás ha sido tan importante como ahora el reflexionar. Reflexionar no significa esperar la opinión de los demás para emitir la propia, más bien es todo lo contrario. Reflexionar significa escuchar nuestra voz interior intentando no ser manipulado por la racionalidad social. La sociedad lleva años convulsionando, años donde cada humano ha deseado un cambio, una transformación; años donde nuestros niños lloran y patalean por un acompañamiento a su medida; años donde la juventud deriva hacia caminos siniestros porque no son reconocidos, porque su inteligencia no está dentro del marco "social"; años donde los adultos suplican alguna solución y donde nuestros abuelos dicen "no me acuerdo" o no quiero acordarme.

El sistema social tomó las riendas de nuestra vida cuando nos convocaron a la era de la modernidad y todos aceptamos. Taparon a la naturaleza rodeándonos de cemento y muros cada vez más altos como lo son los edificios y rascacielos; nos acercaron la comida, eso sí, industrializada, transgénica y adictiva; nos marcaron las reglas del juego, señalando lo que es bueno y qué se tiene que sentir y, por el contrario, lo que es malo y cómo lo hemos de sufrir. Y así podríamos escribir una innumerable lista de descripciones de lo que hemos ido absorbiendo en nuestras entrañas. Hemos construido una raza que está más coligada al cemento que al cielo, más al hierro que a la madera, más al humo que al viento, más al cerebro que al espíritu, más a la materia que a la que la creó. ¿Somos creadores o creados?

Reflexionar significa pensar o imaginar cómo queremos ser, vernos a nosotros mismos y observar en lo que nos hemos convertido, para después arrancar de nuestra piel esas máscaras o al propio personaje. Quitarnos lo que debemos ser para Ser, sin más. Desvincularnos del cemento, del hierro muerto, limpiar nuestro humo y oxigenar el cuerpo y la mente; conectar con lo que intuimos.

Hay que estar del lado de la vida, a sabiendas que todo está cambiando y que ese movimiento también forma parte de ti, de tus células, de tu sangre y de tu existencia. Sé valiente y no esperes las instrucciones que nunca llegarán, no alientes al gurú pues la tranquilidad sólo la hallarás en tu interior. Hay que construirse de nuevo, sacando brillo a lo que siempre hemos sido: sagrados, luz, inteligencia, conciencia cósmica, amor y pureza infinita.

Mahindra, jerarquía del Universo Espiritual, nos reveló lo siguiente:

Cuando vuestras voces sean honestas y compasivas; cuando conecten con la fuente suprema que anida en vuestro interior; cuando brillen sin límites, entonces comenzarán a experimentar amparados por la realidad universal. Pero para ello, dejen de enfocar en lo que ven los ojos físicos, y de escuchar lo que los oídos interpretan. Dejen de corromper los pensamientos internos y suéltenlos. Soltar, soltar lo que las sombras forman en vuestro interior y después vuelvan a mirarnos de nuevo, pero no como estatuas, ni como carne, sino como parte de vuestro Ser. Porque todos son semillas nuestras. Y nuestra unión será lo que moldeará la nueva forma humana.

¿Somos todos
seres humanos?

¿La sociedad representa a la humanidad? ¿Hay que pasar por el sistema social para ser humano? o ¿Es el ser humano quien debería crear un sistema acorde a él? ¿Quiénes somos hoy?

Muchas preguntas nos hacemos hoy en día: ¿desde el lugar de humanos, como sociedad o como monos? Se ha llegado a tal desconexión que el individuo dejó de vincularse con su humanidad, se alejó de la raza en la que habita y se distanció de su Conciencia. Llamamos Conciencia a la divinidad que somos, a la esencia cuya atemporalidad nos muestra el mapa del universo, que nos indica nuestro origen y el camino a seguir.

Pensar como sociedad significa habitar un razonamiento acorde a la estructura que se ha implementado o quizás implantado a través de múltiples plataformas. Hay un algoritmo social cuya semejanza la encontramos en el que rige en las redes sociales, ejerciendo un dominio sobre nuestras vidas, cuando no estamos atentos a ese cuerpo superior llamado conciencia. Estos algoritmos son pura matemática que sirven para todo el sistema y sus áreas. Identifican tus gustos, preferencias, ideologías, preocupaciones, tu talento y tus vulnerabilidades. En definitiva, todo aquello que te define como arquetipo.

A todo esto, le añadimos las pocas ganas que tiene el individuo de ahondar e investigar en lo profundo, dado por la incultura o por el autismo inducido; prefiere instalarse en el "no puedo" o "no sé", se le anima a preferir "la aspirina social" y nunca preguntarse el por qué o el para qué. De manera que estamos claramente ante una sociedad constituida más por monos que por humanos.

Pensar como un mono es moverse por imitación. "¿Dónde va Vicente? Donde va la gente" y no es casualidad que a la misma hora todos vayan al banco, al supermercado o a la peluquería. No es casualidad que la gran mayoría de las personas tengan los mismos pensamientos, ni que sientan las mismas necesidades. Y esta manifestación no se produce porque todos estén vibrando en la misma sintonía de conexión confederada, sino que en realidad es el resultado del maquiavélico algoritmo que ha inducido a todos a ser "monos". Pensar y sentir el mismo impulso.

¿Cómo piensa un ser humano?

Un ser humano forma su pensamiento escuchando su voz interna, su intuición. Un Ser humano ama el planeta donde vive, respeta al otro, coopera para el desarrollo del entorno y vive en su presente. Un ser humano no necesita de la aspirina social, porque profundiza y reflexiona sobre las causas de su desarmonía, provocando una transformación inmediata. Un ser humano sabe que su Conciencia está encarnada en esta raza y que es parte de un todo con el propósito de crear una forma, una geometría donde la armonía y la calma son su oxígeno. Un ser humano tiene el gran reto de cincelar la raza, de evolucionar como civilización y de ser cada día más grande, más fraterno y sincero, en amor hacia toda existencia.

¿Cuántos humanos hay en verdad?

Para algunos existe aún una escalera ilusoria, cuya meta es el poder, lo que los lleva indefectiblemente al sufrimiento y a la falta de reconocimiento, porque el acumular no es más que resaltar un profundo vacío, una cima sin base. Podemos acumular tesoros, bienes o pensamientos, podemos llenar nuestras vidas de esos contenidos que indefectiblemente te llevan a ese vacío tan reconocido.

Pero con certeza un día todo esto va a cambiar y nos vaciaremos de todo ese contenido para habitar en nuestra esencia. Un día nos encontraremos en la calle siendo verdaderos humanos y nos reconoceremos… entonces ya no nos sentiremos más solos. Solo quedará la vida para explorarla sabiendo que somos libres, que somos conciencia cósmica, habitando como un humano. Tú puedes aportar tu claridad al mundo.

¿La HUMANIDAD está **despertando?**

¿QUÉ OS ADMIRA? ¿QUÉ OS ESPANTA,
SI FUE MI MAESTRO UN SUEÑO,
Y ESTOY TEMIENDO, EN MIS ANSIAS,
QUE HE DE DESPERTAR Y HALLARME
OTRA VEZ EN MI CERRADA
PRISIÓN? Y CUANDO NO SEA,
EL SOÑARLO SÓLO BASTA;
PUES ASÍ LLEGUÉ A SABER
QUE TODA LA DICHA HUMANA,
EN FIN, PASA COMO SUEÑO,
Y QUIERO HOY APROVECHARLA
EL TIEMPO QUE ME DURARE,
PIDIENDO DE NUESTRAS FALTAS
PERDÓN, PUES DE PECHOS NOBLES
ES TAN PROPIO EL PERDONARLAS.

LA VIDA ES SUEÑO
-CALDERÓN DE LA BARCA-

¿La humanidad está despertando? ¿Qué reacción te genera esta pregunta? ¿Mirar al otro? Seguro que sí, automáticamente estás pensando en la sociedad que muestran los medios o en el entorno más cercano, en los demás. Pero quizás quieras pensar de otra forma y estés dispuesto a mirarte al espejo, haciéndote la pregunta: ¿estoy despertando?

La mayoría de los humanos han sentido en este tiempo "pandémico" que se les ha vetado su libertad sin haberlo pedido. La gran mayoría ha visto partir a seres que amaban, otros pasaron por hospitales, operaciones, cánceres y distopías de todos los niveles y categorías. Muchos se han divorciado, otros se han mudado de lugar, han cerrado sus negocios, otros han sido traicionados por sus mayores, por sus menores o por ellos mismos. En este tiempo han resurgido de sus propias cenizas, han transmutado hasta lo que era imposible de transformar, han aceptado lo inaceptable, se han forjado entre sudores y lágrimas. Han luchado, queridos humanos. Mucho. Y por ello tienen que honrarse y aplaudirse.

Este tiempo ha sido un transitar de decisiones, de valentía, de horizontes, de despedidas, pero también de nacimientos. Han resignificado, han sanado, han acompañado, desafiando los límites de la paciencia y de la comprensión. Unos años inolvidables que nos han llevado al acto de profundizar, ahondando en la realidad que nos hemos construido. Nos permitió ver que, muchas veces, nos hemos dejado llevar por la inercia del colectivo quedándonos instalados en sus mundos, alejándonos del nuestro.

¿Estamos despertando? Como humanidad estamos ascendiendo por esa escalera de Jacob hacia una dimensión superior, donde poder crear lo nuevo.

Nuestro planeta, al igual que las estrellas, está observando todos nuestros movimientos, en amor, esperando a que, en algún momento, nos demos cuenta de que somos parte del todo, del cosmos que nos rodea. Ellos miran nuestra voluntad y con amor nos envuelven en su savia cristalina, en su luz eterna e incondicional. Esperan nuestros tiempos sin perder la esperanza de que cuando nos sintamos preparados, alcemos las manos y nos entreguemos a la vida sin condiciones; desnudos, como estrellas que en verdad somos, ya despiertos.

Les invitamos a darse una oportunidad y permitirse ser quienes son. A seguir abriendo camino para nuestros jóvenes y niños, pero sobre todo a ser partícipes de esta humanidad que en algún momento nacerá y caminará sobre la malla que les hemos dejado; esa red invisible que no se ve con los ojos, pero sí con el alma, esa ruta cósmica que todo lo crea. Es el amor hacia la propia existencia, el verdadero despertar. Tú puedes aportar tu despertar al mundo.

3 pasos
para transformar tu vida

¿Estamos preparados para dar un paso más en nuestra evolución? ¿Eliminar o transformar aquello que no sirve más en nuestras vidas?

El ser humano está acostumbrado a experimentar la vida bajo los cánones de una sociedad construida por la dualidad. Hoy en día tenemos un reto como civilización: ir más allá, fuera de la dicotomía, donde podremos reencontrarnos con un abanico de probabilidades o dimensiones a disposición de aquel que quiera dar el salto.

La suposición de la mano del juicio.

Como encarnación existen millares de probabilidades. Cada vez que ejerces una suposición solo habilitas una de estas posibilidades, es decir, una dirección. Como verás la suposición no deja opción a que se profundice en otra geometría. Si el pensamiento direcciona hacia algo que suponemos que la otra persona va a hacer y escenificamos dicha acción, estamos condicionando la experiencia y forzándola. La mayoría de las veces es el deseo el que impulsa a la suposición y no la conexión con nuestro verdadero Ser. Si libero mi mente, puedo comprender que las demás personas son diferentes a mi vibración, que cada uno tiene sus convicciones y creencias y que, aunque sean distantes a las nuestras, ellos viven en su universo y no en el nuestro. Si libero mi mente podré dejar de estar condicionado y a su vez dejaré de condicionar.

Cuando estamos en nuestro eje, lo importante es el camino. El humano suele convivir de primera mano con el juicio, etiquetamos a los demás, juzgamos y eso somete energéticamente al otro también. Con la mente encarcelamos virtualmente a los demás y también a nosotros mismos.

Estudiar los vínculos

Es fundamental decidir con qué o quién queremos realmente vincularnos. Es el momento de elegir. El poder de la elección. Vincularse es conectarse energéticamente con otra persona, es reconocerla, es verla, comprenderla y de forma consciente enlazarnos con ella. Es importante observar desde donde y con quién nos relacionamos.

Con aquellos que decidimos vincularnos tendremos una relación energética de ida y vuelta, recibiendo su frecuencia y emitiendo nuestra energía también. Desde que nacemos nos vinculamos con nuestros padres y con la geografía en la que habitaremos. Será nuestra evolución quien irá sutilizando los vínculos energéticos esperando a que seamos nosotros los que tomemos la decisión de a quién o a qué vincularnos. Es vital detenernos en la construcción de nuestras relaciones haciendo una mejor lectura de lo que nos rodea, con la mayor sensibilidad, sin cargas ni frustraciones. Nuestro cuerpo nos da señales constantemente sobre quiénes tenemos enfrente y sobre cómo vincularnos. Decidir en libertad y con armonía es fácil porque sabemos perfectamente aquello que nos hace sentir expandidos y aquello que nos oprime. Es sin duda un camino a transitar sin prisa, pero sin pausa.

Comunicar

Es vital comunicar nuestra sabiduría, nuestra forma de vivir, nuestros cambios y la manera de hacer las cosas. Las palabras que emites deben ser transparentes, claras y manifestar lo que realmente sentimos. La Palabra tiene un gran poder, es capaz de crear realidades cuando se hace desde el lugar correcto, es decir, desde nuestra complenitud. Cuando comunicamos al entorno de forma transparente, en calma y armonía, todo cambia, surge el respeto. Debemos permitirnos ser quienes somos para así cruzar un umbral mayor y ver la vida desde otro color. Aportar la verdad interna a través del sonido de nuestras palabras es participar en el ejercicio de cambiar esta realidad. Con la práctica surgirá la voz interna y el verdadero pensamiento, cuya fuente es la intuición que siempre has tenido a tu servicio.

Déjame quedarme en los sueños

Déjame que lo crea,
que la vida está llena
de perfección
y que mi esencia se recuesta
en la tuya.
Que huelo a rosas
mientras quito tus espinas,
que mi alma libre
se imprime de tu presencia.
Déjame que lo crea,
que el tiempo se diluye
en frascos de arena...
hundiéndose en la mar.
Que las sombras son luces
que iluminan la tristeza.
Que mis ojos te verán,
algún día,
que mis manos limpiarán
tu sudor.
Déjame creer
que todo está lleno de amor
que no existe la muerte
de la ilusión.

Aunque no sea así,

aunque digan lo contrario,

te ruego,

te imploro.

Déjame creer

que ellos no tienen razón,

que todos podemos

respirar ese cosmos

que nos creó,

que nos engendró.

Quiero creer que la hierba

está sedienta de nuestras huellas

y que la vida al fin se acerca,

para tocarla,

para amarla,

para sentirla.

Quiero creer, Padre,

que aún hay esperanza

que todos formamos parte de ella.

Que tu reino es el nuestro

que somos servidores

de tu voz.

Algunos antes,

otros después

todos iremos hacia ti

transformándonos en el camino.

Déjame creer

en todo lo que no nos contaron.

Déjame quedarme

en los sueños.

La puerta
de las ideas

Desde el momento en el que aparecieron las ideas, el humano tuvo la oportunidad de evolucionar hacia un sistema de vida organizado según su tiempo y frecuencia. En cambio, nuestra civilización decidió ir por otros caminos y utilizarlas para formar castas, dogmas y, por último, divisiones. Pocos se percataron de que las ideas evolucionan como si tuvieran conciencia propia y que nos dan la oportunidad de continuar con nuestro propósito.

Los humanos insisten una y otra vez en los mismos conceptos, cuya clonación se manifiesta año tras año, década tras década. Las palabras se pegan como saliva viscosa a los labios impulsivos y a veces inquisidores y el resultado es que ya nadie sabe pensar por sí mismo, provocando que se aleje el nacimiento de nuevas ideas, aquellas que acompañan a los individuos, las que nos liberan del pasado, las que nos muestran su Luz. Ya nadie tiene esperanza de dejar y aportar su huella, dejamos en manos de otros que ello suceda.

¿Las ideas tienen dueño?
¿Las ideas solo surgen en las mentes de los poderosos?

Una idea es la representación de algo, ya sea material o inmaterial, real o imaginario, concreto o abstracto, a la que se llega tras la observación de ciertos fenómenos, de la asociación de varias representaciones mentales y de la experiencia en distintos casos. Es un plan o intención, es una creencia u opinión sobre algo. Todas estas acepciones están disponibles en cualquier diccionario, clarificadas y a la vista de todos como acreedores de esa grandeza que nos otorga una idea. Pequeña o intermedia, puede salvarnos.

Las ideas son reflexiones para compartir sobre otros recorridos, en algunos casos podremos estar de acuerdo y en otros no, pero realmente importa poco pues una idea siempre es un camino, un enunciado que en definitiva puede llegar a cambiar el rumbo de una vida. El humano ha demostrado tener vulnerabilidad con las ideas y es entonces cuando aparece el control, el fanatismo y la seducción. Porque una idea puede llegar a convertirse en un decreto, alimentada por nuestra ceguera. En cambio, puede ser un gran disparador cuando nos hallamos en un proceso de investigación, dando a luz a nuestras zonas más profundas.

Nunca fue tan fácil la manipulación como en estas últimas décadas. Tan sólo es necesario subir al escenario a interlocutores con los que el colectivo se pueda llegar a identificar y sentirse atraídos. Estos simuladores de pensamientos basan su comunicación sobre lo experimentado por generaciones anteriores. La actualidad requiere de nuevos engranajes mentales de las cuales surgirán ideas renovadas, transformadas, singulares. Y esto es un derecho que en origen recorre nuestras arterias.

El filósofo Friedrich Nietzsche se preguntó "¿Qué es la palabra? Es la copia en sonidos de un estímulo nervioso". Quizás debamos comenzar por ahí, por escuchar nuestro propio sonido y dejar que las imágenes se asomen sin condicionarlas. Dejemos que ellas, libres, nos muestren el camino.

La razón de
existir

El estigma más grande en la vida de cualquier mortal es la incomprensión. Con errores, con aciertos, el humano gira en un bucle constante y repetitivo. Incompleto, toma decisiones, a veces se rompen lazos, otros se resignifican y avanzan juntos en sus heridas, intentando desentrañar la vida, aunque pocos profundizan en su significado. No saber quiénes somos, no comprender las capacidades inherentes que arrastramos desde nuestra llegada a este planeta, nos anula y llena de emociones; nos aleja de la conexión interna y de la propia existencia. Quedamos huérfanos de nuestro origen, convirtiéndonos en presas fáciles y manipulables por nuestra falta de voluntad para dar ese paso hacia la liberación.

Según vamos avanzando en el camino de esta geometría llamada vida, se comienza a conectar con una parte más sublime y, equivocadamente, se llamó despertar a ese estado superior de la ceguera. Los seres humanos que transitan dicho recorrido creen haber salido de ese gran presidio. Pero no es así, hay otros bucles más profundos, patrones, repeticiones que soslayar y que traspasar. Solo el buen observador será capaz de captarlos.

El laberinto más complejo en el que está sumida una gran proporción de la población humana, es el autoengaño. Creen que saben, creen que comprenden, creen que están afuera del círculo oscuro; algunos suponen que son los elegidos y otros que son víctimas; creen que «lo han superado» o piensan que les falta mucho. Porque el humano se construye sobre la base de otros humanos, copiando, incorporando conceptos y formas de pensar de referentes a seguir o imitar. Pero ¿qué es un referente? Un referente, es un individuo que nos presenta su universo y su forma de interpretarlo. Un referente es un individuo que propone y que lleva al lector o al oyente a reflexionar y a preguntarse cuestiones que no se le habían planteado anteriormente, estimulando así una nueva iniciativa, quizás un camino de genuinos y propios pensamientos.

Algunos humanos nos han aportado ideas en las que nos podemos reflejar, ellos nos hicieron tener una mirada más profunda de la vida. Pero la razón de existir, ésa es una búsqueda personal, un viaje único que nadie nos puede enseñar.

> *"Hay que ser un héroe para enfrentarse con la moralidad de la época" | Michel Foucault.*

> *"La cosa más difícil es conocernos a nosotros mismos; la más fácil es hablar mal de los demás" | Tales de Mileto.*

> *"Cogito ergo sum (Pienso, luego existo)" | Descartes*

> *«Dios ha muerto» o "Todo lo que los filósofos han manejado desde hace milenios fueron momias de conceptos, nada real salió de sus manos". | Nietzsche*

> *"Avergüénzate de morir hasta que no hayas conseguido una victoria para la humanidad" | Jürgen Habermas.*

Algunos referentes de hoy en día son personajes creados por las redes sociales, comunicadores carentes de preparación, ausentes de conexión, que hablan para un sector de la humanidad en estado inconexo, degradado, vacío de sí, enfermo de desequilibrio y gula mental. Salir de todo ello es un reto, pues pensar desde uno y actuar en consecuencia es un comienzo para una nueva civilización.

Es necesario aprender por nosotros mismos a pensar, a ser sensatos, a tener la conexión con el mundo o el cosmos que nos rodea. A respetar cada universo humano y su forma de interpretarlo. Pero, estar pendientes, obsesionados de lo externo nos ralentiza, nos corroe. ¿Podremos dar un salto y dejar de ser un Homo Erectus y convertirnos en una humanidad con consciencia de su divinidad? Quizás, si conectásemos con nosotros, aunque solo sea durante un instante, sin comparaciones ni imitaciones, lograríamos encontrar la razón de nuestro existir y con ello cambiar el mundo.

Aprender y
REconocernos

Debemos llegar a comprender el Sujeto y Objeto de nuestro propio conocimiento. Investigarnos, avanzar hacia el entendimiento. Procurar con insistencia la observación y a través de ello tener un concepto real de nuestra existencia. Todas las experiencias, los aprendizajes, los recuerdos, las intuiciones y las certezas serán el estudio a cuerpo abierto de nuestra encarnación.

Como precisos galenos que a través de un cuerpo post mortem encuentran el porqué de la desencarnación de una persona, nosotros como conciencias manifestadas utilizaremos cada experiencia, cada instante de ella, para restituirnos como lo que en verdad somos: seres que hemos elegidos estar aquí en este singular planeta aportando todo nuestro amor y sabiduría.

El tomar distancia es una elección que podemos afianzar. Alejarnos de todo aquello con lo que no sentimos resonancia. Sembrar confianza ante el análisis sobre nuestra ya indudable anatomía cósmica es lo inmediato. La firmeza como liberadora certeza no dará oportunidad a la duda porque solo nosotros seremos los valedores de las múltiples transformaciones que hicimos para habitar una encarnación resignificada. Hoy, el alejarnos de lo establecido no provocará dolor, solo aceleración, impulso y equilibrio.

La mirada es hacia uno, me observo cómo objeto sabiendo que soy el sujeto que lo determina todo. Soy un ser muy singular, no por dar realidad a los condicionantes vetustos, sino porque en el silencio reponedor comprendí, me detuve, escuché y di vida a la voz interna que me susurra infinitas verdades.

Mi Conciencia tiene un Origen, el Universo es mi hogar, me manifiesto a través del propósito y ello me da existencia con proyecciones de amor y de sabiduría. La disección es diaria, el animarnos a la exploración de nuestros instantes nos llenará de sorprendentes revelaciones, nuevas rutas y destinos sorprendentes.

Hay un nuevo mundo dentro y también fuera de ti. Dar el paso hacia un profundo reconocer-nos es liberador. Valentía nos sobra a esta altura de nuestra existencia, partiendo de la evidencia de que hemos elegido venir en este tiempo, en este actual sistema de creencias tan distante y difuso.

Tomarnos el tiempo para observar-nos en amor será el simple impulso para una exploración hacia la esencia, la energía y la sabiduría de la conciencia estelar que somos. Es tiempo de animarnos a ser sujeto y objeto en presente.

Propósito
inmediato

¿Qué nos impide cohabitar un verdadero pensamiento?

Pensar: es formar una idea sobre algo, analizarlo, ya sea acción o emoción. Emitir un ordenado sonido donde la descripción participa. La mente toma el poder sobre el espacio y el tiempo, nos propone escenarios. El tiempo es usado hacia atrás y hacia adelante, pasado y futuro se alternan según donde focalicemos. Y así podemos continuar sumando definiciones.

Pero ¿es posible alejarnos del mecanismo mental que responde en todos los actos cotidianos a lo que llamamos conocimiento condicionado? ¿podemos comprender que ello no es más que el resultado de lo impuesto por las religiones, dogmas y creencias?

El verdadero pensamiento está sustentado por un elemento inmutable llamado libertad. Una energía primigenia que nos acompaña y nos impulsa hacia una existencia despejada y liviana. Una probabilidad que nos está aguardando. Allí no hay fe ni ideales, ni distorsión. El pensamiento creativo surge alejado de la condición mecánica y alienante a la que estaba acostumbrada para iniciar el camino donde el existir es propio.

Definitivamente, ya no habrá cabida para el miedo, para el deseo ni la ilusión. Una vez que se abra la puerta hacia la realidad única, solo habitaremos la sabiduría, el conjunto de manifestaciones desbordantes de certeza, amor y claridad.

La razón será solo un instrumento que estará a nuestra disposición porque solo nosotros podremos habilitar nuevos algoritmos, nuevos recorridos neuronales, provocando y alimentando la liberación de celdas emocionales.

Llegó el momento de asumir que vinimos a dejar nuevas formas de existencia. Empecemos por tener la voluntad de proyectar un verdadero y renovado pensamiento. Ya es tiempo de que lo hagamos.

Para existir es necesario ser. Y esto se manifiesta cuando frecuentamos y aceptamos nuestra sabiduría, alejando el temor de quedarnos más de la cuenta en cualquier otra experiencia: extraviados y distraídos porque aceptamos con total naturalidad su importancia. El error no nos seduce ni nos confunde. La sabiduría actuará como una brújula infalible tomemos el camino que tomemos. Atrevernos a manifestar nuestro interior es el propósito más inmediato.

Valentía
de aceptarnos

¿Somos capaces de ser nada?
¿Somos capaces de no emitir palabra?

Hay tiempos que, en el mismo acto del transcurrir, la costumbre marca un determinado accionar. Y entonces vivimos instantes de múltiples vocablos, ideas, pensamientos, emociones. Nos contagiamos y sumamos tiempo en constante sucesión, reiterando circuitos sin fin. Distraídamente, nos sumergimos en los laberintos de otros. Tomamos ideas que enarbolamos en su máxima potencia, más aún si nos descongestionan cualquier inquietud, y ni qué decir tiene si estas palabras amigas nos expulsan de algún estado de desesperación.

Pero ¿seríamos capaces de escapar de la prematura memoria de calidez, de desdibujar el circuito que fue creado desde el seno cuando ante cualquier peligro, los brazos maternos fueron los más fuertes refugios? ¿Seríamos capaces de ser Nada? ¿De detenernos, observar y asumir?

La ignorancia de Uno, de nosotros mismos, nos hace vulnerables, nos arroja a compartimentos oscuros, lejos de la esencia. ¿Podemos ser capaces de lanzarnos en un acto sin piedad y afrontar la verdad universal donde nos espera la sabiduría como salvamento? Quizá en ese melancólico vuelo resurja el tímido sentir de que no necesitamos a nadie para gritar, soltar y volver a diseñarnos. A veces jugamos a decir, a descifrar actos que nada tienen que ver con nuestro presente, pero la voz amiga nos reclama, nos pide atención sobre ellos. ¿Y entonces podríamos no emitir palabra? Cuánto remordimiento recaería sobre nosotros, sobre nuestras espaldas porque no nos permitimos experimentar la lejanía del saber escuchar y aún más del poder ayudar.

¿Y si nos detenemos y le hablamos a ese impulso automatizado? ¿Y si observamos con voluntad esa atención innecesaria? Quizás el amor, quizás la calma, le darían al otro el necesario tiempo para reforzar su único y sabio viaje. Es tiempo de observar con diplomacia las dos caras de la moneda donde muchas veces fuimos los que reclamamos y otras veces los que aconsejamos.

En el proceso alentador de la existencia todo es, árbol y fruto, raíz y Tierra. Infinitos hilos sabios se recogen en cada interior esperando a que la valentía sea el único impulso, el sublime soplo que nos traerá desde la esencia, el oxígeno de las palabras amigas. Acostumbrar a dejarnos permear de nuestra sabiduría, de que la elección como conciencias singulares y viajeras nos vuelve libres, en un tiempo y en un espacio, explorando el movimiento del Universo y también el nuestro. Desdibujar y crear, materializar una realidad sin repeticiones, sin patrones donde el silencio nos encuentre dialogando.

Querida
Humanidad

Querida humanidad, ya no es tiempo de cólera ni de pereza. No es tiempo de soñar dormido, ni de anhelar lo que nunca tendrás. Ya es hora de abrir los ojos para no cerrarlos más; parpadear si solo así te aclaras las ideas, confesarte vivo para poder explorar la redención a través de la honra hacia la vida, hacia los otros humanos. Volver a usar las manos para construirte de nuevo como una semilla de Dios.

Querida humanidad, eres privilegiada porque vives en un planeta con conciencia divina, que te cuida, que te ama, que te muestra las singulares existencias que forman parte de ti: agua, brumas, estepas, llanos, glaciares, desiertos, …infinitos reinos que dan vida con sus ciclos evolutivos a tu sendero. Aun cuando fue y es la humanidad ese gran virus que asoló durante siglos la armonía del conjunto planetario, a pesar de toda esa herida infligida, ellos os siguen amando. Cada día amanece y anochece y tú estás aquí.

Querida humanidad, es hora de mostrarte como hijo de las estrellas, como raza cósmica. Aquellos que comprendieron más allá de la razón, podrán cruzar el puente hacia la verdadera realidad, más no el que finge, sino el que navega por su nada misma.

Querida humanidad, como me gustaría poder abrazarte e introducirte entre los canales de la compasión, para que encontraras el amor que hay en ti a través de sus tejidos. Recuerda tu pureza. La esencia no tiene ideologías, ni necesidades, no alberga la tristeza ni la culpa. Tu esencia es una partícula del cosmos.

Querida humanidad **¿Hacia dónde quieres ir?**

¿Qué fue lo que te contaron que creíste ser una mota de polvo, cuando en verdad eres la esencia divina del firmamento? Por arriba de tu cielo existen infinidad de mundos llenos de vida, al igual que en el planeta donde resides. No estáis solos porque comparten espacio con otras civilizaciones, sobre la tierra, en los océanos y en las cordilleras. Dentro del planeta también hallareis humanidades que conviven, desde el principio de los tiempos, con otras razas. Muchos os preguntaréis por qué no aparecen y os ayudan a avanzar más rápido, pero en verdad no estáis preparados, pues aún habéis de avanzar y profundizar en cómo transformar vuestra forma de pensar, de interpretar, de dar impulso a la forma. La frecuencia de vuestro campo energético está muy afectada por la forma en la que os habéis desarrollado como civilización alejándoos de los principios universales, como es la fraternidad de mundos, el equilibrio entre las diferentes formas de vida. Herramientas como el pensamiento o las emociones se han convertido en el eje de vuestros días, llevándolos a ser adictos de las sensaciones.

Querida y amada humanidad, debéis de hallar la cura en vuestros corazones. Habitar la no forma y ser creadores de ella y entonces sólo así podréis cambiar el mundo.

BIOGRAFÍAS
DE LAS
AUTORAS

Anael y Elder son escritoras y cofundadoras de Origen Estelar. Profundizan en la filosofía cósmica y en la cosmobiología a través de sus libros, artículos, conferencias, seminarios y Retiros. Residen en Argentina y desde hace más de quince años divulgan su filosofía. Son autoras de varios libros y álbumes de música destinados a la evolución del ser como humano. Pues ellas reafirman que "Todos tenemos un Origen Estelar". Próximamente, darán un paso más con la creación de la Fundación Origen Estelar, destinada a fomentar, promover y divulgar los valores que contribuyen a una mayor consciencia del ser humano y al aumento de su bienestar personal.

Elder Lavergne

@elderlavergne

Es argentina, a los veinticinco años decidió irse a vivir a España y explorar el llamado de su corazón hacia aquellas tierras del hemisferio norte. Este hecho le llevó a cultivarse en su silencio interior realizando asiduos retiros espirituales en la Naturaleza. Allí también se formó como escritora.

De regreso a Argentina en el 2013 dedicó su saber interior a escribir parte de su camino y experiencias profundas que vivió.

- "El Despertar" fue su primer libro, trata sobre el génesis de Origen Estelar sino también narrar una historia en la que muchos encontrarán una fuente de inspiración. Entenderán que definitivamente nuestro verdadero hogar está en las estrellas, de las que hemos partido un día, con la misión de convertirnos en parte del concierto universal de conciencias que Dios ha creado en su infinita bondad y magnificencia.

- Es coautora junto a Anael del libro "Mahindra, La Luz de Las Jerarquías". Mahindra es una Jerarquía cósmica cuya esencia es primordial en el acompañamiento de la formación de la raza humana. Este manuscrito es el resultado de la transferencia y comunicación que junto con Anael ha tenido en este último tiempo. Su voz y mensajes son de una relevante actualidad, por su valor y magnitud.

- Es autora del libro Colinas Eternas, pensamientos y reflexiones 2020 por editorial Origen Estelar. En esta obra la autora compone y engarza sus composiciones y escritos como genuinas joyas mostrándonos una auténtica cosmogonía, una visión del mundo lejos del tiempo y de lo preestablecido.

Actualmente reside en Mar del Plata, Argentina. Elder Lavergne es Cofundadora de Fundación Origen Estelar y Editorial Origen Estelar. Imparte seminarios y talleres de filosofía cósmica, acompañando al individuo en su camino de autoconocimiento.

Anael

@anaelorigenestelar

Es escritora y compositora. Su propósito es acercarnos a otras realidades y leyes del universo para el crecimiento y reencuentro con la esencia de cada Ser.

Nació en España. Actualmente está afincada en Argentina con el propósito de difundir el conocimiento que trae de otros lugares del universo. Dice la autora:

Recuerdo… recuerdo otras dimensiones y otros reinos del cosmos, los cuales hacen que la comprensión de este entramado sea mayor y que a través de ello, pueda ayudar a otros a comprender quienes Son.

Durante años, Anael ha profundizado en el estudio del Sonido, su vibración como armonizador y descodificador de la sabiduría.

Es Coach Nutricional con enfoque en Naturopatía alimentaria acreditado por APENB, Asociación Profesional Española de Naturopatía y Bioterapia, por la Universidad por el despertar de Pablo de la Iglesia.

Es cofundadora de Fundación Origen Estelar y Editorial Origen Estelar

Es autora de los siguientes libros:

- El Cristo que habito. Caminando desde la Certeza,
  2015 edición Origen Estelar

- ÜR- La Raza 33 – El Viaje – (dirigido a las familias)
  2015 ed. Origen Estelar

- La Raza 33, un puente sagrado,
  2016 editorial Kier

- Desencarnación, el regreso al origen Cósmico,
  2017 editorial Kier.

- Descubre tu Origen estelar, la piedra angular,
  2019 editorial Kier

- Mahindra, la luz de las Jerarquías,
  2019 editorial Origen Estelar (Coautora con Elder Lavergne)

- Cosmobiología Nutricional, Menopausia,
  2020

Es también compositora de:

- El Guiador AMUNA KUR

- Activación- Meditación Alkäs

- Ah¨j El Sonido de Dios

- Tejiendo el Alma

- Alas

- Sueños cósmicos

- Cosmic Ring

- Solar System

- Biocosmos

Están en todas las plataformas digitales

Creadora de la serie corto-documental Más que monos:

- Capítulo 1: Más que monos

  https://youtu.be/Txz2Cn77FxQ

- Capítulo 2: La Voluntad

  https://youtu.be/xN3DLFtoUrs

Se pueden encontrar en librerías
y plataformas digitales

Se pueden encontrar en todas
las plataformas digitales

www.origenestelar.com

www.viajerosestelares.com

www.artorigenestelar.com

www.fundacionorigenestelar.org

(Próximamente)

infoorigenestelar@gmail.com

@origenestelar

@editorialorigenestelar

@artorigenestelar

@fundacionorigenestelar